_____ 션과 메이슨에게

면접의 질문들

삶의 태도를 돌아보는

면접의 질문들

김형석 지음

노르웨이숲

면접이란 무엇일까?

회사는 혼자서는 불가능한 일들을 여러 사람이 함께 만들어 내는 곳이다. 뛰어난 능력을 가진 사람일지라도 개인보다는 팀으로서 일할 때 더 큰일을 해낼 수 있고, 혼자서는 엄두가 안 나는 일들도 쉽게 도전하고 성취할 수 있다. 서로 다른 강점을 가진 사람들이 한자리에 모여 목표를 향해 힘을 모으면 더 큰 시너지를 만들어 낼 수 있기 때문이다.

강한 팀을 만드는 방법은 생각보다 단순하다. 팀의 성공을 위해 반드시 필요한 사람을 지키고, 그렇지 않은 사람과는 이별하고, 팀 안에 없는 강점을 가진 사람을 외부로부터 끌어들이는 것이다. 방법 자체는 쉽지만 그것을 실행하는 것은 쉽지 않다.

특히 새로운 사람을 팀 안으로 끌어들이는 것이 그렇다. 지킬 사람을 지키고 떠날 사람과 이별하는 것은, 그래도 '이미 알고 있는' 누군가를 대상으로 고민하고 의사결정을 내릴 수 있다. 그러나 새로운 팀원을 채용한다는 것은, 어색한 긴장감 속에서 짧은 시간 동안 몇 가지 질문을 통해 회사에 중요한 영향을 미치는 판단을 해야 한다는 걸 의미한다. 한 번 내린 결정은 때로 팀에 균열을 만들어 낼 수 있고, 그렇게 잃어버린 시간은 되돌릴 수 없다는 것을 생각하면 더욱 어렵게 느껴진다.

지원자의 입장에서도 마찬가지다. 직장은 삶의 많은 요소를 결정하는 중요한 부분이다. 직장이란 보상적인 측면도 중요하지만 그게 전부는 아니다. 깨어있는 시간의 절반 이상을 의미 없이 흘려보내고 싶은 사람은 없다. 자신에게 맞는 곳에서 좋은 사람들과 일하고 싶다는 마음은 직장인이라면 누구나 공감할 것이다.

문제는 지원자가 외부에서 회사를 파악하고 판단하는 것이 매우 어렵다는 점이다. 짧은 기간이라도 직접 일해볼 수 있다면 도움이 되겠지만 동시에 두 곳의 직장을 다닐 수는 없는 노릇이다. 입사 후 생각이 달라졌다고 곧장 그만두기도 쉽지 않다. 잦은 이직을 좋아하는 회사는 없기 때문이다. 그런 의미에서 면접은, 지원자 입장에서 단순히 합격을 위해 통과해야 하는 과정만이 아니라 이 회사가 자신에게 잘 맞을지 살펴보는 과정이기도 하다.

면접은 공통의 목적을 가진 두 사람이 서로 다른 관점에서 마주하는 것이다. 한 사람은 자신이 누구인지, 어떠한 가치를 가져올 수 있는지를 이야기한다. 다른 사람은 지원자가 지금 채용하려는 자리에 맞는 사람일지, 같이 일하면 어떤 역할을 해줄지 판단하게 된다. 질문과 답변이라는 형식의 대화를 통해 서로에 대한 이해를 높이고 간격을 좁혀 나간다.

□■□

회사에서의 채용 과정은 대체로 비슷하다. 누군가 그만두거나, 사업을 더 확장할 필요가 있을 때 회사는 신규 인력 채용을 진행하게 된다. 어떤 능력과 경험을 가진 사람이 필요할지 고민하여 채용 공고를 내고, 채용 기준에 부합하는 지원서를 선별해 대면 면접을 진행한다. 1차 면접에서는 주로 실무적인 능력을 검증하고, 2차 면접에서는 가치관이나 조직적합도

(Culture Fit)와 같이 그 사람의 본질을 확인할 수 있는 상위 차원의 질문에 초점을 맞추게 된다.

면접이 끝나면 면접관들은 한자리에 모여 지원자들에 대한 서로의 의견을 공유한다. 충분히 이야기를 나누었다면 지원자 가운데 한 사람을 채용할지, 아니면 시간을 두고 추가 면접을 진행할지 결정하게 된다. 면접을 많이 진행할수록 더 좋은 지원자를 찾을 수 있을 것 같지만, 이력서를 검토하고 면접을 진행하는 과정 자체가 많은 자원을 필요로 하고 시간이라는 자원 역시 무한하지 않으므로 어느 순간에는 결정을 해야 한다. 최종 합격자가 결정되면 연봉 협상을 진행하고, 출근 일정에 대해서 이야기를 나눈다.

채용 과정의 모든 단계가 중요하겠지만 그중에서도 면접은 채용 여부를 결정하는 데 거의 절대적인 영향을 미친다고 할 정도로 중요하다. 어째서 면접은 그토록 중요한 채용 단계로 작용할까? 여러 이유가 있겠지만, 무엇보다 이력서만을 통해 알 수 있는 것에는 한계가 있기 때문이다. 좋은 학교를 나오고, 다양한 직장에서 의미 있는 성과를 만들어 냈다고 하더라도 그러한 '사실'만으로는 충분하지 않다.

직장에서의 성과는 얼마든지 부풀릴 수 있다. 직접 하지 않은 일을 한 것처럼 포장하거나, 살짝 숟가락만 얹었던 일을 자신이 주도했다고 말하는 일도 흔하다. 설령 그러한 이력이 사실이라 해도, 상대방의 눈을 마주치지 못한다거나 면접 중 대화를 이어나가는 데 서툴러 불안감을 주는 경우도 많다. 따라서 면접관은 질문을 하고 답변을 듣고 다시 질문하는 과정을 통해 지원자를 좀 더 명확하게 이해하게 된다. 서류상으로는 드러나지 않았던 요소들을 면접 과정에서 상당 부분 파악할 수 있는 것이다. 화상 회의나 화상 면접이 일상화된 회사라고 해도 최종 면접만큼은 반드시 직접 대면을 통해 진행하는 회사가 많은 이유이기도 하다.

□■□

어떤 면접이냐에 따라 다르겠지만 통상적인 면접은 보통 30분에서 1시간 정도 진행된다. 누군가를 온전히 파악하는 데 충분한 시간인가 하면 당연히 그렇지 않다. 채용 과정에서는 크게 두 가지 치명적인 오류가 발생하는데, 채용하지 말아야 할 사람을 채용하는 것과 채용해야 하는 사람을 채용하지 않기로 잘못 판단하는 것이다. 어느 쪽이 더 심각한 오류일까? 안타

깝지만 두 경우 모두 심각한 결과를 초래한다.

보통은 채용하지 말아야 할 사람을 채용하는 경우가 훨씬 더 심각한 결과로 이어지는 것처럼 보인다. 해당 지원자가 채용된 뒤 조직에 미치는 부정적인 영향을 생생하게 목격하거나 직접 경험하여 체감할 수 있기 때문이다. 면접관뿐만 아니라 채용 과정에 직접 참여하지 않은 사람들도 잘못된 결정의 폐해를 절절하게 느낄 수 있다. 그래서인지 '반드시 채용했어야 하는 사람을 놓친 피해'는 상대적으로 과소평가되는 경우가 많다. 그 사람이 있었다면 조직이 어떻게 개선되었을지 상상하는 것은 굉장히 어렵기 때문이다. 이전에 제대로 채용했던 사람이 조직에 미친 파괴적이고 긍정적인 영향을 통해서 간접적으로 추정해볼 수 있을 뿐이다.

결국 어느 쪽이든 채용에 있어 오류를 줄이는 것은 쉽지 않은데 오류로 인한 폐해는 크다. 그렇기 때문에 많은 회사들은 자신만의 방법을 찾기 위해 무던히도 노력한다. 무엇이 가장 효율적인 방법일지에 대해서는 의견이 분분하겠지만, 거의 모든 회사의 채용 과정에서 한 가지 공통적인 부분은 있다. 너무나 당연해서 하나도 특별해 보이지 않는 것. 그것은 바로 '면접관들이 지원자에 대해 서로 의견을 나눈다'는 것이다.

지원자들에 대한 리뷰 과정을 통해 면접관은 같은 지원자에 대한 다른 면접관의 의견을 확인할 수 있다. 그 과정에서 자신이 했던 질문과 다른 면접관이 했던 질문, 그 질문에 대한 지원자의 답변, 그리고 그 답변에 대한 다른 면접관들의 생각을 확인할 수 있게 된다. 면접이 하나의 이벤트로 종료되지 않고, 면접관들 사이에서 당시 상황이 재현되고 복기되는 것이다.

□■□

반면, 지원자는 어떨까.

면접이 끝나면 지원자는 면접 과정을 누구와 이야기할까? 어떤 질문이 나왔는지, 어떻게 답했는지, 그 답변이 적절했는지, 다음 질문은 무엇이었는지, 면접관은 그 순간 왜 그런 질문을 했는지, 자신이 면접을 잘 본 것인지 아닌지를 누구와 상의하게 될까? 아니, 면접의 상황을 돌아보긴 할까?

지원자가 관심을 갖는 것은 보통 면접의 '결과'이다. 합격과 불합격 여부에 온 관심이 집중된다. 합격했다면 면접을 잘 본 것이고, 불합격했다면 면접을 망친 것이라고 생각한다. 면접에서 정확히 어떤 질문이 나왔고, 자신이 한 답변이 면접관에게 어떻게 받아들여졌을지 찬찬히 돌아보기 어렵다. 면접 내용에 대해서 누군가와 의견을 나누기 어렵기 때문이다.

이러한 피드백의 유무는 지원자에게 큰 영향을 미친다. 면접관은 면접 과정을 통해 더 좋은 면접관으로 성장할 기회를 갖게 되지만, 지원자는 적절한 피드백을 받지 못한 채 면접의 결과에만 집중하게 된다.

오랫동안 면접관으로서 면접에 참여하며 느꼈던 가장 아쉬운 점은, 합격하지 못한 지원자들이 자신이 왜 채용되지 못했는지 잘 모른다는 것이었다. 해외에서는 어떤지 모르겠지만 적어도 우리나라에서는 불합격의 이유를 지원자에게 솔직하게 알려주지 않는다. 지원자가 솔직하게 말해달라고 요청한 경우에도 마찬가지다. 이미 불합격 통보를 받은 지원자에게 상처가 될 수 있는 말을 하는 것이 부담스럽기도 하지만, 좋은 의도로 말했다 하더라도 의도와는 달리 자칫 회사에 대한 부정적인 인상을 줄 수 있기 때문이다. 그러니 '회사 사정상 아쉽게 같이 하지 못하게 되었다'는 말을 반복할 뿐이다.

인생을 길게 보았을 때 면접 한 번의 합격/불합격 여부는 크게 중요한 일이 아닐 수도 있다. 감정적으로 썩 기분 좋은 경험은 아니지만 면접이란 삶에서 만나는 다양한 갈림길 중 하나일 뿐이다. 때론 삶에서 어떤 선택을 했는지도 중요하지만, 그 선택 이후에 어떻게 살아갔는지가 더 중요한 경우도 많다.

이 책은 '어떤 면접이든 합격하는 방법'에 관한 책은 아니다. 누군가 그런 이야기를 한다면 사기꾼이 아닐까 의심해 보는 편이 낫다. 이 책은 지원자의 입장에서 자신의 면접 과정을 돌아볼 수 있도록 안내하는 책이다.

면접관들이 어떤 상황에서 어떤 생각을 하는지, 왜 그런 질문을 하는지, 그리고 자신의 질문이 면접관에게는 어떻게 받아들여질지, 다음 면접을 준비한다면 무엇에 좀 더 신경 써서 준비할 것인지 지원자의 입장에서 깊이 생각해 볼 수 있도록 쓰였다.

당연하게도 이 책은 모든 면접관의 관점을 대변할 수는 없다. 이 책은 논문도, 체계적인 실험을 거친 전문서적도 아니다. 그러나, 그렇기 때문에 오히려 편안한 마음을 가지고 한 명의 면접관으로부터 그 생각을 찬찬히, 부담 없이 들을 좋은 기회가 되리라 믿는다.

2024년 10월

김형석

차례

면접의
시작

본격적으로 면접이
진행되면

만약
긴장의 순간이 있다면

어쩌면

이 이야기를 하기 위한

면접의

맺음

면접의

시작

면접의 뼈대를 이루는
두 가지 질문

면접에서는 회사에 따라, 직무에 따라, 그리고 지원자에 따라 다양한 질문이 나올 수 있다. 하지만 신입 채용이 아닌 이상 그 모든 질문의 가장 기본이 되는 뼈대는 아래 두 가지 질문이다.

A. 어떤 갈증을 느끼고 있는가?
B. 왜 이 회사인가?

이직을 쉽게 생각하는 지원자를 좋아하는 회사는 없다.

누군가를 채용한다는 것은 기업 입장에서 많은 시간과 비용을 할애한다는 것을 의미한다. 한 명을 더 채용하기로 결정하는 과정, 채용 공고를 내고, 그것을 알리고, 서류를 검토하고, 면접 일정을 잡고, 면접을 보고, 리뷰를 하고, 연봉을 협상하고,

입사 시기를 정하는 것은 회사 입장에서 그 자체로 큰 투자라고 할 수 있다. 채용 이후에도 투자는 계속된다. 새로 합류한 사람이 회사에 안착할 수 있도록 배려하고, 업무를 가르쳐 주고, 업무에 익숙해질 수 있도록 기다려 주는 과정이 그것이다. 이러한 과정을 통해 적절한 인력이 보강되었다면 다행이지만 그렇게 채용한 사람의 성과가 기대에 미치지 못하거나, 겨우 안정적으로 일할 수 있게 되었을 때 다른 곳으로 이직해 버리면 회사로서는 상당한 자원을 잃게 된다.

신규 채용은 기업 입장에서도 큰 투자이지만 새로운 직장을 찾는 지원자 입장에서도 삶에 큰 영향을 주는 사건이다. 면접관은 신규 채용과 이직이 감내해야 하는 비용을 알기 때문에 면접에서 지원자에게 왜 이직을 결심하게 되었는가, 다시 말해 어떤 '갈증'을 가지고 있는가를 묻게 된다. 왜 변화를 감당하면서까지 다니던 회사를 그만두고 새로운 곳을 찾게 되었는가 묻게 되는 것이다.

'왜 이직을 생각하게 되었는가'라는 질문은 너무 당연한 질문 아닌가요?

이렇게 생각할 수 있다. 그러나 실제 면접에서 '이직의 이유'에 제대로 답하는 지원자는 대단히 적다. 정말 손에 꼽을 만큼 적다. 반면에 실망감을 감출 수 없는 답변은 너무나도 많다. 가장 대표적인 것은 전 회사에 대해서 부정적인 이야기를 하는 경우다.

> 회사에 비전이 보이지 않아서요. 대표가(혹은 팀장이) 안 좋은 사람이어서요. 체계가 없어서요. 불합리한 일들이 많이 발생해서요. 소모된다는 느낌이 들어서요. 연봉이 너무 적어서요. 배울 수 있는 사수가 없어서요. 기회가 주어지지 않아서요. 인정을 받지 못해서요.

이런 이야기를 들으면 면접관은 어떤 생각을 하게 될까. 지원자의 사연에 안타까움을 느끼고, 그 회사에 대한 비난에 동조하고, 우리 회사에 오게 되어서 정말 다행이라고 생각할까?

전 회사에 대해 부정적인 이야기를 하지 말라는 이야기는 많이 들어봤을 것이다. 면접 자리라면 더욱 그렇다. 이런 사실을 알면서도 왜 그렇게 많은 지원자들이 이와 같은 이야기를 하게 될까?

전 회사에 대해 안 좋은 이야기를 하는 것을 들으며 '아, 이 지원자가 정말로 어려운 환경에서 일했구나'라고 공감해 줄 수 있는 면접관은 거의 없다. 오히려 '이 사람은 부정적인 사람인 것 같다'는 생각을 하게 될 것이다. 만약 우리 회사에 입사하더라도 생각한 것과 다르다면 금세 실망할 수 있겠구나, 그러면 또 이직을 하려고 하겠지, 다른 회사에 면접을 보러 가고 그 자리에서 우리 회사에 대해 안 좋은 이야기를 하겠구나, 이렇게 생각할 가능성이 훨씬 더 크다.

부정적인 사람을 좋아하는 사람은 없다. 그렇지 않아도 부정적인 성향의 직원들 때문에 현재 골머리를 앓고 있는 면접관이라면 더욱 그럴 것이다.

그렇다고 부정적인 이유를 피해 설명하자니 진솔하게 이직의 이유를 설명하기 어렵게 느껴진다. 적당히 얼버무리는 것도, 가볍게 넘겨버리는 것도 좋은 전략은 아니다. 적당히 얼버무리면 이직의 이유를 지원자 스스로도 잘 모른다고 생각되거나 무언가 숨기는 듯한 인상을 줄 수 있다. 후자의 경우 이직 자체를 너무 가볍게 생각한다고 여겨질 수 있다.

'더 나은 기회, 더 나은 성장을 위해서'라는 설명도 썩 좋은 이유는 아니다. 현재 재직 중인 회사에서 인정받고 있고 정말로 만족하고 있지만 더 좋은 기회를 찾아서 이직하게 되었다고 이야기하는 경우가 있는데, 이때 '더 좋은 기회'라는 것을 정말 잘 설명할 수 있어야 한다. 그렇지 않으면 이 사람은 우리 회사에 들어와서도 또 '더 좋은 기회'가 생기면 금방 떠날 수 있다는 인상을 심어줄 수 있다.

아니, 이런 답변 저런 답변이 다 좋지 않다고 하면 이직의 이유를 어떻게 설명해야 하나요?

이직의 이유에 대해서는 지원자 스스로가 충분한 시간을 가지고 면접관의 관점에서 납득할 수 있을 만한 사유를 고민해 보는 것이 좋다. 거짓말을 하거나 어떻게든 꾸며낼 생각을 하는 것이 아니라 자신이 어떤 부분에 갈증을 가지고 있고, 그걸 해결하기 위해서 어떤 노력을 했는지, 그리고 새로운 직장을 찾아 나서는 지금 자신에게 가장 중요한 것이 무엇인지 분명하게 정리하는 것이 필요하다.

가령 아래와 같은 답변을 생각해 볼 수 있다.

저는 뭔가를 파는 것을 정말 좋아합니다. 누군가를 속여서 파는 것이 아니라, 그것을 필요로 하는 누군가에게 정말로 도움이 된다는 느낌

이 좋아요. 그런 면에서 지금 다니고 있는 회사의 제품은 정말로 최고였습니다. 예전에는 제가 무엇인가를 팔고 나서 상대방에게 정말로 도움이 되었는지 의심스러운 경우가 종종 있었는데, 지금 회사에서는 구매한 사람들이 너무나도 만족하고 있다는 것을 느낄 수 있었죠. 물론 가끔은 기대에 미치지 못했다고 말하는 고객들도 있었습니다. 그럴 때면 왜 그런 일이 발생했는지를 들여다보고, 곰곰이 생각해 보면서 어떻게 개선하면 좋을까 고민했습니다.

그 과정에서 조금씩 아쉬운 마음이 생겼어요. 여러 고객들의 의견을 듣다 보니 공통적인 니즈를 알게 되었고, 그 부분을 조금만 더 개선하면 정말로 좋은 제품이 될 수 있겠다는 생각이 들었습니다. 그런데 아쉽게도 지금 회사는 글로벌 시장을 지향하다 보니 한국 시장은 개발 우선순위에서 아무래도 밀릴 수밖에 없어요. 회사의 결정이 이해가 되지 않는 것은 아니지만 주어진 것, 이미 만들어진 것을 단순히 소개하고 팔기보다는 사람들이 필요로 하는 것을 개발자와 함께 직접 만들어 보고 싶다는 생각이 점차 강해졌습니다. 회사 내부에서 한계가 있다면, 그런 방법들이 가능한 회사를 직접 찾아보기로 했습니다.

이 예시에는 지금 다니고 있는 회사에 대한 부정적인 내용보다는 자신의 목소리를 알게 된 배경과 세일즈라는 업무에 대한 본인의 관점, 그리고 자신이 느끼는 갈증이 어떻게 지금 지원하는 회사로 연결되는지에 대한 설명이 포함되어 있다.

현재 자신이 가지고 있는 갈증을 솔직하게 이야기하되, 상대방 역시 납득이 되도록 설명하는 것은 정말로 중요하다. 그러한 생각은 다음 질문인 '왜 우리 회사에 입사하고 싶은가?'로 자연스럽게 이어질 수 있기 때문이다.

갈증을 느끼고, 그것을 해결하기 위해서 지금 다니고 있는 회사에서 최대한 노력하고, 그럼에도 불구하고 해결이 되지 않았다면 그것을 해결할 수 있는 곳을 찾아서 이동한다는 것은 '이직'에 있어 아주 자연스러운 흐름으로 이해될 수 있다.

왜
이 회사인가?

지원자가 기존에 다니던 회사를 떠난 이유를 면접관들이 납득했다면, 그다음에는 왜 이 회사에 지원하게 되었는지 궁금해할 것이다. 우리 회사의 어떤 부분이 지원자의 마음을 이끌었는지, 지금 채용하고 있는 업무 포지션에 관심을 가지게 된 이유는 무엇인지 질문하게 된다.

> 제가 이 회사에 지원한 이유는, 이 회사에서 지금 사람을 뽑고 있기 때문입니다.

이렇게 대답하는 지원자는 없으리라 믿겠지만 실제로 면접을 진행해 보면 표현만 조금 다를 뿐 이런 내용으로 답하는 지원자가 생각보다 많다. '채용을 한다길래 지원을 한다.' 이게 왜 문제일까 싶을 수도 있겠지만, 이 말은 적당히 아무 회사나 지원했다는 뜻으로 해석될 수 있다. 이러한 구직자를 좋아하는 회사는 없다. 떠나는 이유가 분명하다면, 다시 시작할 곳을 어떻게 찾는 사람인가 하는 점도 매우 중요하기 때문이다.

면접관이 원하는 지원자는 바로 이런 사람일 것이다. 자신이 느낀 갈증이 무엇인지 분명히 알고, 그걸 해결할 수 있는 회사를 적극적으로 찾고, 좀 더 깊이 알아보고 싶은 회사가 있다면 리서치도 하고 사람들에게 물어보기도 하면서 그 회사에 대한 정보를 모은 후, 해당 회사에서 채용 중인 포지션이 자신의 갈증을 해결하는 데 적합한지 고민하며 지원하는, 그런 지원자 말이다.

면접관이라면 채용 사이트에 올라온 모든 구인 공고에 지원을 하는 사람과, 자신이 가고 싶은 회사와 그 이유를 고민한 뒤 그에 맞게 방향을 좁혀 지원하는 사람 중에 누구를 뽑고 싶겠는가.

어떤 회사에 가고 싶은지 물어봤을 때 다음과 같이 막연하게 답하는 사람들이 있다.

이름만 대면 누구나 아는 회사

연봉이 높은 곳

복지가 잘 되어있는 곳

재무 상태가 안정적인 곳

그 회사가 속한 산업이 성장하는 곳

일과 삶의 조화가 좋은 곳

기업 리뷰 사이트에서 평이 좋은 곳

이런 회사에 들어가고 싶은 게 뭐가 문제인가 싶을 수 있다. 그런데 채용하는 회사의 입장이라면 당신에게 무엇을 기대할까? 그 회사가 당신을 필요로 해야 하는 이유가 무엇인가?

□■□

이 질문에 제대로 답을 할 수 없다면 면접을 통과할 확률은 현저하게 낮아질 수밖에 없다. 대다수의 면접관은 '기회를 주시면 최선을 다해 열심히 일하겠다'라는 말을 그리 신뢰하지 않는다. 지원자 입장에서는 의지를 담은 표현일 테고 그 말을 하는 순간은 분명 진심이겠지만, 보통 그런 식의 답변은 지원자 자신도 '이 회사가 나를 필요로 해야 하는 이유'를 잘 모르겠을 때 튀어나오기 마련이다. 지원자에게 가장 중요한 것은 관점의 변화다. '나를 뽑아달라, 내게 기회를 달라'가 아니라 '나는 누구이고, 무엇에 관심이 있고, 어떤 변화를 만들어가고 싶은가'에 대해서 이야기해야 한다. 다음 예시를 살펴보자.

제가 현재 재직 중인 회사는 분명 좋은 회사입니다. 입사했을 때만 해도 회사 규모도 작고 사업도 불안정한 부분이 있어서 미래에 대해 걱정이 많긴 했지만요. 이제는 규모도 많이 커졌고 사업도 안정적이고 같이 일하는 동료들도 모두 좋습니다. 위험한 시기는 지나갔지요. 회사는 분명 좋아졌는데 어째서인지 저는 이전만큼 행복하다는 생각이 들지는 않았습니다. 왜 그럴까 곰곰이 생각해 보니, 저는 입사 초기의 그 빠른 속도를 그리워한다는 것을 알게 되었습니다. 모두가 공유하는 방향만 딱 정하고 나면, 각자 흩어져 자기가 맡은 영역을 책임감 있게 진행하고 문제가 생기면 서로 공유하고 지원하면서 해결하던 그 시절을요. 그때는 힘든 점도 많았고 시행착오도 겪으면서 우리는 언제 안정적으로 일할 수 있을까 고민이 많았는데, 회사가 성장한 지금은 그 시절의 에너지와 속도가 그리워졌습니다. 그러면서 이런 생각도 들었습니다. 업무 경험이 조금 더 쌓인 지금의 내가 그렇게 빠른 속도가 필요한 회사에서 일하게 된다면 어떤 성과를 낼 수 있을까, 나는 그동안 얼마나 더 성장했을까 궁금해졌습니다.

그러한 마음을 가지고 채용 공고를 살펴보는데 이 회사가 눈에 들어왔습니다. 평소라면 관심을 갖는 분야이긴 한데 아직은 이직하기에 좀 이르지 않나 하고 지나쳤을 수도 있어요. 그런데 좀 더 살펴보니 제품 자체는 정말로 좋더라고요. 사용해 본 사람들의 반응들도 정말로 만족하는 것 같았고요. 부족한 부분들은 제가 잘 채울 수 있다는 생각이 들었어요.

다시 말하지만, '왜 여기인가?'에 대한 답변은 앞선 질문인 '왜 기존의 직장을 떠날 생각을 하게 되었는가?'에서 도출된 갈등과 연결되었을 때 더 효과적이고 입체감 있게 전달된다. 갈등을 느꼈고, 기회를 찾다가, 내가 더 잘할 수 있는 영역을 알게 되었다. 그걸 실현할 수 있는 곳이 지금 이 회사이다.

면접관은 사실 누군가에게 기회를 주기 위해 면접을 보는 것이 아니다. 실제로는 자신이 현재 겪고 있는 문제들에 대한 '해답을 찾고 싶은' 마음이 훨씬 더 크다. 지금의 자원으로는 이 문제를 해결하기가 어렵겠다, 뭔가 더 효율적이고 근본적인 방법이 없을까 하는 고민에 몰두하고 있을지도 모른다. 그런 고민을 갖고 들어간 면접에서 변화를 원하는 두 사람이 면접을

통해 운명적으로 만난다면, 그것만큼 즐거운 일은 없을 것이
다.

모든 질문은
서로 연결되어 있다

지금까지 두 가지 질문에 대해 다루었다.

A. 어떤 갈증을 느끼고 있는가?
B. 왜 이 회사인가?

첫 번째 질문을 다루면서 두 번째 질문으로 넘어갔고, 두 번째 질문을 다루면서 앞의 질문으로 돌아갔다. 이 두 가지 질문은 각각 다른 두 개의 질문이 아니라 하나로 '연결된' 질문이기 때문이다.

▫■▫

면접에서는 여러 질문들이 쏟아진다. 지원자는 열 개의 질문이 있다면 열 개의 답이 있을 것이라 생각한다. 그래서 각각의 질문에 맞는 답을 내놓으려고 애쓰게 되는데, 그러다 보면 정작 중요한 요소를 놓칠 때가 많다. 면접관의 질문에서 잊지 말아야 할 것은, 그들이 맥락과 의도를 가지고 질문을 한다는 것이다.

가령 '당신의 장점은 무엇인가요?'라는 질문에 대해 생각해 보자. 이 질문은 지원자 자신의 장점을 말하게 하려는 의도일 수도 있고, 다음 질문인 '당신의 단점은 무엇인가요?'를 묻기 위한 사전 질문일 수도 있다. 이 질문은 다시 그다음 질문인 '당신은 그러한 단점을 개선하기 위해서 어떤 노력을 하고 있나요?'라는 질문으로 자연스럽게 이어지기도 한다.

만약 이 세 가지 질문을 병렬적으로 이해한다면, 지원자는 ①자신의 장점 ②자신의 단점 ③단점을 극복하기 위한 노력, 이 세 가지 질문에 대한 독립적인 답변을 하게 된다. 그러나 이 질문들의 '연관성'을 생각한다면 전혀 다른 관점에서 질문들의 의도를 파악할 수 있다.

모든 것을 다 갖춘 사람은 없기 때문에, 일반적으로 장점은 단점과 서로 연결되어 있다. 가령 공감을 중요하게 생각하는 사람은 이성적인 솔루션을 어려워하고, 호기심이 강한 사람은 끈기를 가지고 일상을 견디는 것에 취약할 수 있다. 면접관이 물어본 것은 지원자가 가진 장점과 단점이지만 사실상 확인하고 싶은 것은 지원자가 이러한 질문의 흐름을 파악하고 이해하는가 하는 점이다. 자신이 지닌 장점과 단점의 연관성을 인지하고 있는가, 그리고 그 두 가지 요소를 효과적으로 강화하고 제어하기 위해서 어떠한 노력을 하고 있는가.

단점이 무엇인지 질문한 뒤에 그 단점을 개선하기 위해 어떤 노력을 하고 있는지 물었다면, 좀 더 중요한 질문은 후자이다. 단점을 개선하기 위해 어떤 노력을 하고 있는지가 지원자를 판단하는 데 훨씬 효과적이기 때문이다. 그러니 만약 지원자가 자신의 단점을 숨기려고 적당히 둘러댔다면, 그 뒤의 질문에는 제대로 답하기가 매우 어려워진다. 그렇다면 장점과 단점, 그리고 개선 방안, 이 세 가지 질문의 흐름에 가장 좋은 답변은 무엇일까?

우선 자신을 가장 잘 드러낼 수 있는 장점을 이야기한다. 그리고 그 장점을 강화하는 과정에서 필연적으로 나타날 수밖에 없는 단점을 언급하고, 그러한 단점을 통제하면서도 장점을 더 강화하기 위해 어떤 고민과 노력을 하고 있는지 설명하면 된다.

경험이 많은 면접관은 답을 들은 후, 그 답에 맞게 다음 질문을 이어 나갈 것이다. 질문 리스트를 준비한 뒤 하나씩 확인하는 것이 아니라, 지원자의 답변을 들으면서 관심이 가는 방향으로 질문들을 이어나간다. 이때 지원자의 답변은 "왜"에 초점을 맞춰야 한다. 질문에 대한 답을 할 때는 왜 그렇게 생각하게 되었는지를 제대로 설명하는 것이 중요하다. 그리고 질문자의 의도와 질문의 흐름을 제대로 이해해야 한다.

면접이 아니라 평소 직장에서 일할 때도 마찬가지다. 모든 업무들은 서로 연결되어 있다. 자신에게 주어진 일의 의미를 생각하는 사람과 주어진 업무를 처리하기에 급급한 사람은 성장에 있어 큰 차이를 보이게 된다. 지금 하는 일이 회사의 목표와 어떻게 연결되어 있는지, 그리고 앞서 했던 업무와 지금 하는 일의 관계를 이해하지 못하면 변수가 생겼을 때 무엇을 어떻게 대처해야 할지 자신의 의지로 판단할 수 없다. 맥락을 이해하지 못하면 계속 누군가의 지시를 기다릴 수밖에 없다.

면접에서 지원자가 질문의 흐름을 얼마나 이해하느냐는, 채용됐을 때 실무를 어떻게 진행할지 가늠하는 중요한 척도가 된다. 그래서 실력 있는 면접관일수록 사전에 준비된 질문 리스트가 아닌, 상황에 따라 연결된 질문을 자주 하게 될 것이다.

솔직하게
답한다는 것

면접을 준비하는 모든 사람들에게 한결같이 조언하는 것이 있다면, 그것은 솔직해야 한다는 것이다.

음… 솔직하게 말했다가 떨어지면 어떡하죠?

이렇게 생각할 수도 있다. 합격을 하기 위해서는 단점을 감추고 장점을 부각하며, 심지어 자신이 갖고 있지 않은 능력까지 이야기하면서 어떻게든 면접관의 마음을 사로잡고 싶은 마음은 충분히 이해한다. 그런데 이러한 전략은 좀 더 좋은 회사에 지원할수록, 연차가 쌓일수록, 그리고 숙련된 면접관을 만나게 될수록 실패할 가능성이 커진다.

이렇게 되는 이유는 간단하다. 우리는 대부분 연기자가 아니다. 그렇지만 우리는 '보는 것'에 익숙하다. 영화나 드라마는 물론 직장과 가정 등 일상생활에서도 사람들과 어울리며 그들의 표정과 목소리, 몸짓 언어에 대한 경험치를 쌓아왔다. 그러니 연기를 하는 것에는 익숙하지 않지만, 누군가 연기하는 모습이 이상하고 어색하다는 것은 어렵지 않게 알 수 있다. 그러니 전문 연기자가 아니라면, 면접이라는 긴장된 상황에서 면접관이 느끼지 못할 만큼 자연스럽게 자신이 아닌 모습을 보여주려는 시도는 접어두는 것이 좋다. 그것은 정말로 어려운 일이고 실패할 가능성은 매우 크다.

또한 다시 강조하지만 면접에서 나오는 질문들은 서로 연결되어 있다. 답변에 대해 질문하고, 그 답에 대해 다시 질문을 하는 과정에서 일관성은 매우 중요하다. 그러나 가짜 연기를 시작하면 말은 점점 꼬인다. 있는 그대로의 자신을 보여주지 못하기 때문에 시선 처리가 곤란하고 자신감도 사라져 간다. 마치 거짓말을 할 때처럼, 면접관의 눈을 똑바로 바라보지 못하며 안절부절하게 될 수도 있다. 반면 면접관은 지원자에 비해 상대적으로 편안한 입장이기 때문에, 지원자의 허둥거리는 모습에서 말과 태도의 불일치를 쉽게 인지하게 될 것이다.

만약 면접관이 지원자의 어설픈 연기에 속아 넘어간다면

그것은 더 큰 문제다. 합격한 이후 거짓말이 탄로날 위험도 문제겠지만, 그것보다는 지원자의 진실성을 면접관이 알아채지 못했다는 점이 더 큰 문제라고 할 수 있다. 실무 면접이라면 면접관은 채용된 사람과 같이 일할 가능성이 크다. 특히 지원자의 상사나 팀장이 될 수도 있는데, 지원자의 거짓말에 속아 넘어간 팀 리더라면 팀원의 능력과 자질을 판단할 능력이 충분하다고 볼 수 있을까? 그런 리더가 주도하는 프로젝트는 과연 제대로 진행될 수 있을까? 지원자 입장에서도 함께 일할 팀이나 리더의 역량이 떨어진다면, 그저 합격했다고 좋아할 일이 아니다.

어떻게든 자신이 아닌 다른 사람을 연기하려고 노력할 바에는, 차라리 솔직하게 답변하는 것이 좋다. 자신의 성향과 역량, 그리고 가치관을 적극적으로 드러내고, 면접관이 그러한 자신의 가치를 알아볼 수 있는지 확인하는 편이 낫다. 면접은 회사가 지원자를 뽑는 과정이기도 하지만, 지원자도 회사를 판단하는 과정이기 때문이다.

□■□

우선 솔직함이란 무엇인지에 대해 생각해 보자. '솔직하다'

는 것은 떠오르는 대로 무엇이든 이야기해도 된다는 의미가 아니다. '자유롭다'는 것이 어떠한 제약도 없이 자기 마음대로 해도 된다는 뜻이 아니듯, 솔직함에 대해서도 오해가 없어야 한다.

가령 "당신의 장점이 무엇이냐"는 질문에 "아무리 생각해도 저의 장점을 잘 모르겠습니다"라고 답하는 것은 진정한 솔직함이라고 말할 수 없다. 이건 그냥 축구 경기에서 자책골을 넣는 것이나 다름없다. 자신의 장점을 정말로 잘 모른다면, 지원자는 면접 전에 그것에 대해 깊게 생각해 보았어야 한다. 단점에 대한 잘못된 솔직함은 더욱 치명적이다. 물론 모든 사람은 단점을 갖고 있지만 면접에서는 그 단점 가운데 어떤 점을 전략적으로 이야기할 것인지 사전에 신중하게 고민해 보아야 한다.

자신의 약점이 드러나는 것이 두려워 단점을 숨기고 별로 중요하지 않은 것을 단점으로 이야기하면, 상대에게 신뢰감을 주지 못한다. 단점에 대한 언급을 그저 회피하기만 하려는 지원자의 의도가 너무 뻔히 드러나 보이기 때문이다. 하지만 그렇다고 해당 직무를 수행하는 데 심각한 문제를 초래할 만한 단점을 대책 없이 그대로 이야기하는 것도 지양해야 한다.

면접에 솔직하게 임하라는 말은 자신이 아닌 다른 사람을 연기하지 말라는 의미다. 자신을 돌아보는 과정을 통해 자신의 장점과 단점, 왜 재직 중인 회사를 떠나 이 회사로 지원하게 되었는지, 자신이 했던 업무에서 가장 큰 성과를 냈던 업무가 무엇인지, 반대로 실패했던 것들은 무엇이고, 그 실패를 극복하기 위해서 어떤 노력들을 했는지 사실을 기반으로 답변하라는 의미다. 그러면서도 그러한 답변이 면접관들에게 충분히 납득이 될 법해야 하고, 지원자와 같이 일하고 싶다는 생각이 들 만큼 매력적이어야 한다. 이를 위해서는 면접관의 입장에서 자신의 이야기를 듣는 연습이 필요하다.

장점으로만 가득한 사람을 뽑고 싶어 하는 사람은 생각보다 많지 않다. 어떤 일이든 완벽하게 수행했던 엄친아 같은 사람을 기대하지도 않는다. 오히려 실패를 했더라도 그 경험에서 무언가를 느꼈고 이후에 그 경험이 반복되지 않도록 노력을 기울였던 사람에게서 더 큰 매력을 느낄 수도 있다. 또한 자신의 단점에 대해 분명히 인지하고, 그 단점을 메울 수 있는 다른 방법들에 대해 고민하는 사람이 장점만 한가득 이야기하고 단점에 대해서는 말을 흐리는 사람보다 훨씬 더 진정성 있게 느껴질 수 있다.

사실 면접에서 가장 중요한 것은 면접관이 이 지원자와 함께 일하고 싶은 마음이 드는가 하는 점이다. 지원자로부터 자신이 듣고 싶었던 답을 들었기 때문에 같이 일하고 싶은 마음이 드는 것이 아니라, 질문과 답변을 주고받는 과정에서 지원자의 사고방식을 이해하고, 이 사람과 함께 일했을 때 어떻게 일하게 될지 머릿속에 그려질 때 지원자에 대한 호감도가 상승할 것이다. 그런 면에서 지원자의 솔직함은 그 사람을 이해하는 데 매우 중요한 요소라는 것을 잊지 말자.

정답은
따로 있지 않다

지원자 가운데는 '답'을 맞히려고 하는 이들이 많다. 면접관의 질문에 정해진 답이 있는 것처럼 생각하고 어떻게든 그 답을 맞히는 데만 급급한 지원자들. 그들은 마치 수능시험에서 각 문제에 정답이 있으니 그 답을 맞혀야 좋은 점수를 받았던 시절을 떠올리는 것 같다. 그러나 현실의 면접에서는 질문은 존재하지만 '정답'은 없는 경우가 많다.

좀 더 정확히 말하자면, 면접관은 지원자가 어떤 답을 내놓았는지보다 왜 그런 답을 내놓았는지에 더 깊은 관심을 가진다. 현실은 시험과 다르다. 정답이 없는 경우가 훨씬 많다. 문제 자체가 정의되지 않기도 하고, 정해진 시험이나 점수를 관리하는 감독관도 없다. 무언가를 외우는 것은 생각보다 도움이 되지 않고 오히려 위험하기까지 하다. 상황이 다르면 문제도, 답도 달라지기 때문이다.

따라서 면접관의 관심은 '지원자가 내가 원하는 답을 하는지'에 있지 않다. 예를 들어 "기획자에게 가장 중요한 자질은 무엇인가?"라는 질문을 했을 때, 면접관이 그에 대한 답을 특정해 두지 않는 경우도 많다. 그러니 정답도 없을 것이다. 다만 지원자는 자신이 '그렇게 생각하는 이유'를 설명할 수 있어야 한다. 면접관은 그 답변을 듣고 다시 질문을 하고 답변을 듣는 과정에서 지원자에 대한 다층적인 정보를 습득하게 된다.

- 지원자는 면접관의 질문을 이해하고 있는가?
- 면접관의 질문에 대해 어떤 의견을 말하는가?
- 지원자는 왜 그렇게 생각하는가?
- 지원자에게 다른 관점의 의견을 제시했을 때 지원자는 어떤 반응을 보이는가?

면접관이 지원자에게 지금까지 수행한 업무 가운데 어떤 업무가 가장 기억에 남느냐고 질문했다고 하자. 면접관이 궁금한 것은 그 업무가 어떤 업무였는지가 아니다. 지원자가 왜 그 업무를 떠올렸는지, 업무를 수행하는 과정에서 어떤 어려움에 부딪혔는지, 문제 해결을 위해 어떤 접근 방식을 선택했는지, 그래서 무엇을 배웠고 이후의 삶이 어떻게 변화했는지가 궁금한 것이다. 그러므로 면접의 질문에는 하나의 정답만 존재할 수가 없는 것이다. 면접의 질의응답은 지원자가 보여주는 생각의 흐름을 이해하고 내재 역량을 파악하기 위한 과정 중 하나이기 때문이다.

가장 곤란한 지원자는 자신의 생각에 대한 이유를 설명하지 못하는 사람이다. 의견이 다른 사람과는 일할 수 있어도 의견이 없는 사람과는 아무리 노력해도 유의미한 성과를 내기 어렵다. 당신의 생각은 무엇인가, 왜 그러한 결론에 도달했는가. 이런 기본적인 사고 흐름에 익숙하지 못한 사람은 모두를 지치게 만든다. 홍시 맛이 나서 홍시 맛이 난다고 해서는 안 된다. 회사에서 여러 사람과 함께 일을 도모하는 과정에서는 자신의 생각과 그에 따른 근거를 이야기할 수 있어야 한다. 그래야 서로 의견을 교환하며 협업해 나갈 수 있기 때문이다.

많은 지원자들이 질문과 답변을 주고받으며 생각의 간극을 줄여가는 방식에 대해 어려워한다. 때로는 이를 '압박면접'으로 오인하며 부정적으로 평가하기도 한다. 그러나 압박면접은 지원자의 답변과 관계없이 의도적으로 스트레스 상황으로 몰아가는 것을 의미한다. 긴장된 상황에서 지원자가 어떻게 반응하는지 살피는 일종의 테스트인 것이다. 반면 질문과 답변을 주고받는 방식은 사고의 흐름을 확인하는 과정이다. 이 둘은 근본적으로 그 목적과 형식이 다르다.

　　물론 면접 과정에서 지원자가 어려움을 느끼는 경우, 시간을 두고 지원자가 편안한 상황에서 답변할 수 있도록 배려하기도 한다. 실제로 실무 위주의 1차 면접은 그렇게 진행되기도 한다. 그러나 2차 면접은 좀 더 제한적인 환경에서 이루어지는 경우가 많다. 실제 업무 진행 속도에 맞춰 진행되기도 하고, 필요 이상의 배려도 이루어지지 않는다. 이는 지원자를 압박하기 위함이 아니라 실전에서 함께 일하게 되었을 때 어떠할지 확인하기 위해서다.

면접관이 답변보다는 그 답에 이르는 과정을 더 중요하게 생각한다면 지원자는 어떻게 해야 할까?

　　일단 '찍지' 말아야 한다. 면접관의 질문에 아무렇게나 답을 하면, 왜 그 답에 이르게 되었는지를 제대로 설명할 수 없다. 만약 면접관의 의도를 파악하지 못했다면 지원자도 질문을 통해 그 의도를 다시 확인하면 된다. 생각할 시간이 필요하다면 잠시 시간을 요청할 수도 있다. 자신 있는 모습을 보이기 위해 즉흥적으로 답하고 어떻게든 수습하려 하는 것보다는 필요한 것을 스스로 확인하는 것이 낫다. 이런 사람이 실제로도 일을 더 제대로 한다.

면접에서 좋은 답변을 하기 위해서는 먼저 자신에 대한 기본적인 생각이 정리되어 있어야 한다. 면접 때 어떤 질문이 나오더라도 답할 수 있도록 기계적으로 연습하는 것보다는, 면접이 시작되기 전 이를 준비하는 과정에서 자신에 대한 생각을 정리하는 시간이 필요하다. 지금까지 했던 업무와 이직을 결심한 계기, 지원하는 회사에 관심을 갖게 된 배경, 앞으로 어떻게 살고 싶은지에 대해 깊이 있게 생각하는 시간 말이다. 그래야 면접에서도 당황하지 않고 더 좋은 답변을 할 수 있다.

연차가 올라가고 실력 있는 면접관을 만나게 될수록 뛰어난 언변이나 그럴듯한 요령보다는 진정성이 훨씬 더 중요해진다. 내 안에 전달하고자 하는 바가 실제로 존재하고, 그것에 대해 평소에 깊이 생각해 본 사람이어야 면접이라는 긴장된 상황 속에서도 자신의 생각을 솔직하고 담담하게 이야기할 수 있기 때문이다.

면접에서 나올 수 있는 주요 질문들을 미리 생각해 보는 것은 물론 도움이 된다. 그러나 준비된 질문이 나왔을 때 정해진 답을 하고 예상치 못한 질문이 나왔을 때 당황한다면, 그것은 제대로 된 면접 준비가 아니다. 주요 질문을 떠올려 보는 것은 질문과 답변이라는 포맷에 익숙해지기 위한 것이지, 적중 예상 노트처럼 실제로 그 질문이 나오기를 바라는 요행을 위한 것이 아니기 때문이다. 면접에서는 어떠한 질문이 나오더라도 자신의 생각을 면접관에게 전달하며 대화를 이어나갈 수 있도록 준비하는 것이 더 중요하다. '면접을 잘 보는 법'과 같은 노하우에 집중하는 것보다, '나는 어떠한 사람인가, 어떻게 살고 싶은가?'와 같은 질문을 스스로에게 던져보는 것, 상대방의 질문을 이해하고 자신의 생각을 말하면서 서로 간격을 좁혀가는 것이 훨씬 더 중요하다. 당장은 면접을 통과하고 싶은 마음이 앞서겠지만, 장기적으로는 어떤 면접에서도 통할 만한 기본을 다지는 것이 지원자의 미래에 더 큰 의미로 자리하게 될 것이다.

본격적으로 면접이 진행되면

왜 면접은
자기소개로부터 시작될까?

간단히 자기소개를 해보시겠어요?

면접은 이렇게 시작되는 경우가 많다. 그러면 많은 지원자들이 '흡' 하고 호흡을 한번 가다듬고, 어색한 표정을 지으며, 오른쪽이나 왼쪽 위를 한번 바라보고 "안녕하십니까. 저는…"으로 시작하는 준비된 답변을 한다. 자신에 대한 첫인상이 만들어지는 순간이니 굉장히 긴장되고 낯설고 쑥스러울 것이다. 자기 자신을 스스로 소개한다는 것이 익숙하지 않아 어색하기도 할 것이다.

그런데 생각해 보자. 지원자에 대한 면접관의 첫 인상은 생각보다는 빠른 시간 안에 결정된다. 모든 질문을 마치고 나서 차분히 앉아 지원자에 대한 평가를 내리는 것이 아니라, 이른 시간에 첫 번째 판단을 내리고 그 뒤의 시간 동안 앞서 내린 결정을 유지할지 변경할지를 점검하게 된다. 따라서 어떤 측면에서든 일단 지원자에 대한 부정적인 판단이 내려지고 나면, 이를 뒤집기란 쉽지 않다. 지원자는 어떻게든 일단 좋은 인상을 주고 이후에도 계속해서 그 인상이 유지되도록 노력하는 것이 더 효과적일 것이다. 가장 먼저 진행되고, 어느 면접에서나 그 질문을 미리 예측할 수 있는 '자기소개를 해보시겠어요?'를 절대로 가볍게 흘려 보내지 않는 것이 중요한 이유다.

지원자가 자기소개를 하는 동안 면접관은 무엇을 할까요?

이렇게 물으면 사람들은 당황스러워한다. 한 번도 그런 생각을 해본 적이 없기 때문일 것이다.

'아니 지원자가 자기소개를 하면 면접관은 당연히 그 이야기를 듣겠지!'

정말 그럴까? 물론 면접관은 지원자의 이야기를 듣는다. 그러나 보통 면접관의 시선은 지원자보다는 이력서에 가 있는 경우가 더 많다.

이런 모습에 대해 사람들은 두 가지 반응을 보이곤 하는데,

자기소개를 들으며 이력서를 본다는 것을 자연스럽게 받아들이거나, 이미 제출한 이력서를 왜 인제 와서 보는 거냐고 불쾌해하기도 한다. 후자의 경우 지원자 입장에서는 열심히 준비한 이력서를 사전에 제출했고, 애써 시간을 내어 이 자리에 와서 최선을 다해 자기소개를 하고 있는데 면접관이 눈도 마주치지 않고 이력서만 들여다보고 있으니 마음이 상할 만도 할 것이다.

면접관이 면접 전에 이력서를 살펴볼까, 그렇지 않을까? 보통은 미리 살펴보고 들어오는 경우가 많다. 그러나 이들은 면접을 주 업무로 삼고 있는 사람들이 아니다. 직전까지 다른 업무를 진행하다 면접에 참여하게 되면, 아무리 면접을 중요하게 생각하는 사람이라 해도 일상의 업무로부터 면접모드로 전환하는 데 최소한의 시간이 걸리게 된다. 따라서 지원자가 자기소개를 하는 동안 면접관은 이력서를 다시 살펴보며, 앞서 검토했던 기억을 떠올리고 이력서 내용을 바탕으로 어떤 질문을 던질지 고민하고 결정하는 시간을 갖게 된다. 면접의 첫 시작이 되는 '자기소개'는 면접관으로 하여금 모드 전환을 위한 시간과 공간을 마련해 주는 셈이다.

어떤 측면에서는 면접의 전 과정 중에서 면접관이 지원자에 비해 취약한, 그러니까 지원자가 유리한 고지를 선점하는 유일한 순간이기도 하다. 우선 지원자는 일찍 면접장에 도착해 주변 환경을 살펴봤고, 면접에서 할 이야기도 되새겨보고, 마음의 준비도 단단히 한 상태일 것이다. 또한 면접관이 자신에게 할 첫 번째 질문이 무엇인지도 알고 있다(바로 자기소개!). 조금 전까지 현업에 몰두하다가 면접에 참가한 면접관에 비하면 더 유리한 상황이다. 만약 면접관이 이력서를 사전에 검토하지 못했거나 기억을 잘하지 못하기라도 한다면 더욱 그렇다. 면접관으로서 본분을 다하지 못했다는 약점을 자극할 수도 있고, 자기소개를 하며 면접관의 관심을 끌 만한 이야기를 함으로써 다음 질문을 유도할 수 있기 때문이다.

□■□

자기소개를 어떻게 하면 좋은가에 대해서는 정답이 없다. 중요한 것은 자기소개 시간의 의미를 되짚고, 면접관의 상황을 이해하면서 이를 적극적으로 활용하는 것이다. 이력서도 제대로 읽지 않고 면접을 진행한다고 면접관에 대해 부정적인 인식을 갖는 사람과 면접관이 자신의 이력서를 제대로 기억하지 못한다면 그것을 잘 활용해야겠다고 생각하는 사람 사이에는 큰 차이가 있다.

아무리 정성을 들여 쓴 이력서라 하더라도 자기소개를 하는 동안 면접관이 이력서를 들여다보는 것보다는 고개를 들어 자신을 바라보게 하는 것이 훨씬 낫다. 지원자의 자기소개가 전형적이고 특별한 것이 없다면 면접관은 계속 이력서만을 살피게 될 것이다. 이 소개가 끝나면 이어서 할 질문을 생각해야 하기 때문이다. 반면, 지원자가 자기소개를 통해 면접관의 관심을 끌 만한 이야기를 했다면, 면접관은 고개를 들고 지원자를 바라보게 될 것이다. 진정한 대화는 바로 그때부터 시작된다.

이렇게 면접의 주도권을 가져오기 위해 지켜야 할 원칙이 있다. 절대 자기소개를 달달 외우지 말라는 것이다. 앞에서도 언급했지만, 면접은 누구에게나 긴장될 수밖에 없는 상황이다. 고도로 훈련된 전문 배우가 연기를 하는 것이 아닌 이상, '외워서 하는 이야기'에는 생명력이 없다. 외운 것을 그대로 말해야 한다는 압박 때문에 자기도 모르게 로봇처럼 뻣뻣하게 대사를 읊게 되고, 대본이 기억나지 않으면 말문이 막혀버린다. 자신이 외운 내용에 확신이 없으면 목소리가 점점 작아지고 느려지면서 면접관들의 집중력을 떨어뜨리게 될 것이다. 누군가의 관심을 끌려고 할 때와 정확히 반대의 현상이 벌어지는 것이다.

흥미로운 이야기를 하는 사람을 떠올려 보자. 상대방의 눈을 바라보며, 목소리의 강약과 속도를 조절하고, 상대의 반응을 살피고, 관심을 보이는 부분에서는 강하게, 관심을 보이지 않는 부분은 스쳐 지나가듯 이야기한다. 그러나 외운 것을 그대로 읊는 사람은 상대의 반응을 살피며 말에 강약을 주거나, 때론 생략하고 첨가하는 등의 융통성을 발휘하기가 어렵다. 따라서 무언가를 외우려 하기보다는 자신이 어떤 사람인지, 무엇을 좋아하고 잘하는지, 어떤 것들을 중요하게 생각하는 사람인지를 깊이 생각해 보고, 그렇게 떠올린 키워드들을 면접에서 자연스럽게 이야기하는 것이 더 효과적이다.

자기소개의 목적은 자신에 대해 알리면서 면접관의 관심을 불러일으키는 것이지만, 또 다른 목적은 면접관의 다음 질문을 이끌어 내는 것이라고도 할 수 있다. 리스트를 미리 적어 놓고 순서대로 질문하는 면접관들도 있지만, 실력 있는 면접관일수록 질문을 고정하지 않고 대화를 통해서 궁금한 것들을 찾아 나선다.

그러므로 지원자는 면접관이 궁금해할 부분을 적극적으로 끌어내는 것이 좋다. 관심을 불러일으킬 만한 키워드는 이력서에 미리 적어 놓을 수도 있고, 자기소개 시간을 활용할 수도 있다. 면접관이 질문하면 지원자는 답변하는 것이라 생각하지 말고, 대화를 한다고 생각해야 한다. 그래야 질문과 답변이 자연스럽게 이어지면서 긍정적인 인상을 전달할 수 있게 된다. 말이 통한다는 느낌을 주게 되는 것이다.

담당했던 업무를
설명해 주시겠어요?

자기소개를 마쳤다면 다음은 무슨 질문이 이어질까? 보통은 현재 재직 중인 회사 혹은 이전에 다닌 회사에서 했던 업무를 간단히 설명해 달라는 요청이 이어진다. 만약 지원자가 자기소개를 생각보다 짧게 끝냈다면 면접관이 다음 질문을 미처 준비하지 못해 이런 요청을 하는 경우가 많다.

이 질문에 어떤 대답을 하느냐에 따라 면접관의 관심을 끄는 한 가지 업무에 대한 세부적인 추가 질문을 받을 수도 있고, 그동안의 업무 가운데 가장 큰 성과를 냈던 업무가 무엇인지를 묻는 다음 질문으로 넘어갈 수도 있다. 또 어떤 업무를 특히 중점적으로 수행했는지 묻기도 할 것이다.

그런데 지원자 입장에서는 왜 이력서에 적은 내용을 다시 묻는지 의아할 수도 있다. 그래서 답변할 때 "이력서에 이미 적은 것처럼"이라는 불필요한 말을 덧붙이거나, 면접관이 자신의 이력서를 미리 검토하지 않았다고 생각해 불쾌해하기도 한다. 하지만 이는 매우 어리석은 생각이다. 설령 면접관이 이력서를 제대로 읽지 않았거나 잘 기억하지 못했다 하더라도, 현명한 지원자라면 그 상황을 충분히 유리하게 활용할 수 있다. 면접관의 반응을 실시간으로 확인하며 대화를 주도적으로 이끌어갈 수도 있고, 자신의 어떤 부분을 강조하고 어필할지 선택하고 조절할 수 있는 여유도 생기기 때문이다.

자신이 했던 업무는 지원자가 면접관보다 더 잘 아는 영역이다. 따라서 대화를 주도하기가 훨씬 더 유리하다. 그러나 의외로 자신이 수행했던 업무에 대해 제대로 설명하지 못하는 경우가 많다.

당신이 했던 주요 업무는 무엇인가?

이 간단한 질문으로 면접관은 지원자에 대해 많은 정보를 얻는다. 지원자가 어떤 일을 했는지에 대한 것뿐만 아니라 자신의 업무를 설명하는 태도와 형식, 내용을 토대로 앞으로의 실무 역량을 짐작해 볼 수 있다. 자신의 일을 다른 사람이 이해할 수 있도록 제대로 설명하는 사람은 그렇지 못한 사람보다 일을 더 잘할 가능성이 크기 때문이다.

> 저는 크게 네 가지 업무를 진행하였습니다. 첫 번째는 A이고, 두 번
> 째는 B이고….

일을 잘하는 사람들은 자신의 업무에 대해 구조화가 잘 되어 있다. 자신이 하는 업무를 큰 카테고리로 나누어 분류하고, 가장 비중이 높은 업무부터 순차적으로 이야기한다. 중요한 업무는 앞부분에 길게 설명하고, 그렇지 않은 업무는 뒷부분에 상대적으로 짧게 설명한다. 분류를 어떻게 했는가, 어떤 업무부터 말하는가, 각각의 업무에 대한 핵심 키워드를 어떻게 설정하고 설명하는가를 보면 그 사람이 자신의 업무를 얼마나 명확하게 인지하고 있는지, 실제로 일할 때 어떤 식으로 업무를 진행하는지 유추해 볼 수 있다.

반면, 일을 잘 못하는 사람들은 대체로 횡설수설하는 경향을 보인다. 일단 자신의 업무를 잘 분류하지 못한다. 묶어서 이야기해야 할 부분과 별도로 강조해 언급할 부분에 대한 구분이 약하다. 각각의 업무들을 병렬적으로 설명하고, 두서없이 생각

나는 대로 이야기하는 경우가 많다. 그러니 설명은 길어지고 답변이 언제 끝날지 예측하기도 어렵다. 인내심을 갖고 기다려 주는 면접관이 있다면 다행이지만, 답변을 끊고 다른 질문을 하는 면접관을 만난다면 갑작스러운 질문에 당황해서 답변을 제대로 이어가지 못할 수 있다.

이력서를 쓰면서 자신이 했던 업무를 짜임새 있게 구조화해서 적어놓았다고 안심하고 있으면 안 된다. 글을 쓰는 것과 말하는 것은 엄연히 다르기 때문이다. 면접에서는 자신의 이력서를 보면서 이야기할 수도 없거니와 외워서 말한다 한들 어색하기만 할 것이다. 지원자는 면접관의 시선이 이력서에 고정되어 있다는 것을 전제로, 그들이 나의 어떤 점을 눈여겨보게 만들지 미리 고민해 두어야 한다. 그래야 자연스럽게 업무 설명에서 자신이 강조하고자 하는 부분과 적당히 넘길 부분을 조절해 전달할 수 있다.

또한 자신의 업무를 잘 설명하는 사람은 상대방의 입장에서 쉽게 이해할 수 있도록 말한다. 같은 회사 사람에게 자신의 업무를 설명하기란 어렵지 않을 것이다. 서로 공유하고 있는 부분이 많으니 별도의 부연 설명 없이도 금방 이해할 수 있다. 하지만 다른 회사 사람에게 자신의 업무를 이야기하려면 좀 더

세심한 배려가 필요하다. 면접관에게 자신의 회사에서만 통용되는 용어를 사용하거나, 생략해도 될 부분과 강조해야 할 부분을 구분하지 못하면 안 된다. 그렇다고 모든 것을 구구절절 이야기하는 것도 좋은 선택은 아니다.

다른 회사 사람, 그러니까 회사 바깥의 사람이나 면접관에게 자신이 했던 업무를 설명할 때는 ①보편적으로 이해할 수 있는 언어와 사내에서만 통용되는 용어를 구분할 수 있어야 하고, ②대화 도중 상대의 얼굴을 보면서 자신의 말이 제대로 전달되고 있는지 실시간으로 파악해야 하며, ③상대의 반응에 따라 대화의 속도와 범위를 조절하는 것이 필요하다.

□■□

다시 말하지만 면접은 상호작용이다. 단순히 질문을 하고 답변을 하기 때문이 아니다. 어느 쪽에서건 자신의 이야기를 상대가 잘 받아들일 수 있도록 대화를 조절해 나가는 과정이기 때문이다. 면접은 면접관과 지원자 모두가 이러한 노력을 통해 서로를 파악하고 이해하는 기회다.

그러나 지원자의 입장에서는 자신이 할 수 있는 것에 좀 더 관심을 두는 것이 좋다. 면접관이 노력을 하든 하지 않든 간에 자신이 할 수 있는 최선을 다하는 것이 언제나 더 좋은 결과를 가져온다. 면접을 갑을이나 상하, 수직 관계에 놓인 상황으로 받아들이기보다는 어떤 상황에서든 자신의 최선을 실행해 보는 경험으로 받아들여야 한다.

면접관이 어떤 사람인지, 어떤 말과 행동을 하는지는 지원자가 선택할 수 없다. 다만 지원자가 할 수 있는 부분에 대해 최선을 다하는 것은 전적으로 자신의 의지와 노력으로 가능하다. 이는 업무를 수행할 때도 마찬가지다. 환경을 탓하고 그 안에 숨어버리는 사람보다 언제나 최선을 다하는 사람, 좀 더 나은 결과를 만들어 내기 위해 상황을 개선시켜 나가고자 하는 사람이 언제나 조직에 활력을 불러일으킨다.

자신이 주변의 주파수를 맞춰야 하는 상황이라면 그것을 가장 먼저 시작하는 것, 그리고 상대방이 대화에 원활하게 따라올 수 있도록 배려하는 자세는 그 자체로 매우 중요한 자질이다. 이러한 태도는 면접관에게 고스란히 전달된다. 단순히 면접을 잘하는 사람이라는 평가를 넘어서, 실제로 함께 일하게 되었을 때 어떤 자세로 임할 것인지 면접관이 가늠할 수 있는 것이다. 좋은 환경이 주어졌을 때 잘하는 사람보다, 자신이 잘

할 수 있는 환경을 스스로 만들 수 있는 사람은 매우 희소하다. 따라서 그러한 사람의 가치는 다른 어떤 것과도 비할 수 없을 만큼 귀하다.

한 사람의 역량은 현재 재직 중인 회사 안에서만 의미가 있는 영역이 있고, 어떤 회사로 이직해도 그대로 적용 가능한 영역이 있다. 다른 사람에게 자신의 업무를 얼마나 잘 설명할 수 있느냐 하는 부분은 후자의 영역이다. 자신의 업무를 잘 설명한다는 것은 프로젝트를 진행할 때 필요한 업무를 상대에게 제대로 이해시키고 전달하는 능력 또한 우수하다는 것을 보여준다. 회사라는 조직에서는 여러 사람과 함께하는 협업이 매우 중요하기 때문에, 자신이 이해한 것을 다른 사람에게 전달하는 능력 또한 매우 중요하다.

자신의 업무를 잘 설명하기 위해서는 당연하게도 자신의 업무를 분명히 이해하고 있어야 한다. 그래야 업무를 체계적으로 구조화하여 누구에게든 설명할 수 있다. 그것은 업무에 대한 자신감으로 드러나게 될 것이다. 현실의 면접에서 이런 사람은 생각보다 많지 않다. 담당했던 업무를 설명해 달라는 질문을 가볍게 넘기지 말자. 그 질문 하나만으로도 실력 있는 면접관은 많은 것을 확인할 수 있다.

담당 업무를 들은 후
면접관은 어떤 질문을 할까?

지원자가 어떤 업무를 담당했는지를 듣고 면접관이 택할 수 있는 질문의 방향성은 크게 두 가지다.

A. 관심이 가는 업무에 대해 좀 더 깊이 질문하는 것
B. 어떤 업무에 대해 더 깊이 이야기하고 싶은지 지원자에게 물어보는 것

A는 어떤 업무를 이야기할지 면접관이 직접 선택하는 것이고, B는 그 선택을 지원자에게 맡긴다는 차이가 있다. A는 면접관이 궁금한 부분들에 대한 답변을 즉각적으로 얻을 수 있다는 장점이 있고, 지원자가 해당 업무에 대해 얼마나 관여했는지 확인할 수 있다. B의 경우 지원자가 어떤 업무를 강조하여

말하고 싶은지를 통해 해당 업무에 대한 생각 등 추가적인 질문을 이어나갈 수 있다.

그렇다면 A와 B의 공통점은 무엇일까?

바로 지원자가 담당했던 특정 업무에 대해 좀 더 범위를 좁혀 깊이 파고 들어갈 수 있다는 점이다. 면접에서 지원자가 했던 모든 업무들을 하나하나 꼼꼼하게 점검하는 것은 비효율적이다. 어차피 지원자가 이전 회사에서 했던 업무들은 면접관이 잘 모르는 영역일 가능성이 크고, 같은 업종이나 같은 직무라 하더라도 회사 상황에 따라 그 내용은 다를 수 있기 때문이다. 지원자에게 할 질문은 많고 면접 시간은 제한되어 있으니 면접관이 모든 주도권을 다 내어줄 수는 없는 노릇이다. 그렇다면 이 상황에서 면접관은 어떤 선택을 할까?

면접관 입장에서는 질문의 범위를 좁히고 깊이를 더한 질문을 하는 것이 좋다. 형식적인 질문을 여러 개 하는 것보다는 하나의 업무라도 그에 대해 좀 더 심층적인 질문을 이어가면 지원자에 대해 훨씬 많은 정보를 알 수 있다. 지원자가 면접을 준비하는 과정에서 아무리 열심히 준비했더라도 자신이 주도적으로 수행하지 않았던 업무에 대한 모든 질문을 대비할 수는 없다. 여러 질문에 대한 답은 어느 정도 준비할 수 있지만 한 가지 영역에 대해 심층적인 질문을 받게 되면 적당히 대답하는 것이 불가능하다. 결국 실제로 지원자가 해당 업무에 얼마나 관여했고 성과를 내기 위해 얼마나 주도적으로 임했는지가 중요해진다. 면접의 스킬이나 요령으로 커버할 수 있는 영역을 넘어선 것이다.

　그렇다면 지원자는 어떻게 대비하는 것이 좋을까?

　먼저 기본으로 돌아가라고 권하고 싶다. 자신이 했던 업무를 다른 사람이 알기 쉽게 전달할 수 있는 방법을 고민하고, 그에 맞게 이력서를 작성하는 것이 중요하다. 자신이 해온 업무를 중요도의 구분 없이 이것저것 병렬식으로 나열하는 것은 좋지 않다. 그런 이력서는 면접관의 눈에 잘 들어오지 않고, 면접관이 지원자에게 무엇을 물을지 가늠하기도 어려워진다. 그러니 중요도에 따라 업무를 쉽고 간결하게 묶고 재배치하여 지원자에 대한 면접관의 이해를 높이는 노력이 필요하다. 이력서 자체가 면접관에게 질문의 가이드가 되도록 하는 것이다.

　내가 만약 면접관이라면, 내가 했던 업무 가운데 어떤 것을 궁금해할까?

이렇게 면접관의 시점에서 자신의 이력서를 살피는 사람과 그렇지 않은 사람의 차이는 크다. '나'에게만 집중하는 것이 아니라 타인의 관점으로 자신을 바라볼 수 있다는 것은 그 자체로 굉장히 중요한 역량이기 때문이다.

　　면접관의 질문을 유도하는 것은 대화에 있어 매우 중요한 자질이다. 면접관 역시 지원자의 의도를 읽어낼 수 있지만, 그러한 의도 자체를 하나의 역량으로 평가하고 지원자가 주도하는 흐름에 따라가게 된다. 그러므로 이력서를 쓸 때부터 여러분이 지원하는 회사에서 자신의 경력 가운데 면접관들이 어떤 부분에 관심이 있을지 고민해 보고 그에 맞게 체계적으로 작성하는 등 '기본'에 충실해야 한다. 지원자의 의도대로 면접관이 질문을 던진다면 답변 역시 자신감 있게 내놓을 수 있을 테고 그러한 자세에는 긍정적인 평가가 따를 것이다. 아무 생각 없이 면접에 들어와 무작위로 던져진 질문에 당황하는 사람보다 면접의 주도권을 잘 콘트롤하며 자신의 강점을 긍정적인 방향으로 보여주는 사람과 함께 일하고 싶지 않겠는가?

실패했던
경험이 있는가?

면접에서 자신의 장점과 단점 가운데 단점을 이야기하는 것은 매우 까다롭다. 지나치게 솔직하게 말했다가는 정말로 치명적인 약점을 드러내게 될 수도 있고, 축소해서 말했다가는 진실하지 못한 사람처럼 보일 가능성이 있다. '실패'에 대해 이야기하는 것 역시 쉽지 않다. 다만 조금 다른 차원에서 어려움을 느낄 것이다. 실패에 대해 이야기하는 것 자체가 부정적인 인상을 심어줄까 봐 걱정될 수도 있지만, 평소 실패 경험에 대해 깊이 생각해 보지 않은 경우가 많다는 것이 더 문제다. 누구나 성공 경험에 대해서는 자랑스레 이야기하지만 실패에 대해서는 선뜻 말을 꺼내기 어려워한다. 면접을 위해 따로 생각해보지 않았다면 실패 경험에 대한 질문은 더욱 당황스러울 것이다.

　사람들은 실패가 성공의 어머니라거나, 실패를 통해 더 많은 것을 배운다고 말하지만 실제로 자신의 실패를 정면으로 돌아보는 것은 생각보다 어려운 일이다. 실패라는 결과를 향해가는 과정 하나하나를 돌아보며 어디서부터 잘못되었던 것인지, 어떻게 했어야 했는지 곱씹는 것은 그 자체로 매우 고통스럽다. 그럼에도 이는 반드시 필요한 과정이다. 자신의 실패를 돌아보고 그 실패를 반복하지 않기 위해 무엇을 할 것인지, 그를 통해 어떻게 성장할 것인지 고민하는 사람은 그렇지 않은 사람보다 성공할 가능성이 크다. 그러니 자신의 삶에서, 혹은 일에서 실패의 경험을 애써 지워버리지 않아야 한다.

면접과 같은 상황에서 너무 작은 실패를 이야기하는 사람은 세 가지 중 하나다. 정말로 큰 실패를 경험하지 못했거나, 자신의 실패를 인지하지 못했거나, 면접에서 자신의 실패 경험을 감추려는 사람. 이 셋은 우열을 가릴 수 없을 만큼 위험한 사람들이다.

큰 실패를 경험하지 못했다면 그는 유능한 사람이 아니라 앞으로 경험할 수도 있는 실패에 대해 어떻게 대처할지 예측할 수 없는 사람이다. 또한 실패의 경험조차 없는 사람이 왜 새로운 회사로 이직할 결심을 했는지 납득하기도 어려울 것이다. 대부분의 면접관은 그런 사람을 채용하고 싶어 하지 않는다.

면접에서 너무 작고 사소한 실패 경험을 이야기하면 그 실패로부터 무엇을 배웠는지 물어보기도 민망해진다. 적당한 실패 경험을 이야기한 뒤 이어지는 질문을 수습하지 못하는 것도 곤란하다. 이때 답변을 제대로 하지 못하는 것은, 실패를 통해 아무것도 깨닫지 못했다는 고백이나 다름없기 때문이다. 이는 지원자가 면접 준비가 제대로 되지 않았다는 것을 증명하는 꼴밖에 되지 않는다.

그렇다면 채용 면접에서 어떤 실패 경험을 이야기하는 것이 좋을까?

먼저 이해할 필요가 있는 것은 세상에 실패를 경험하지 않은 사람은 없다는 점이다. 결과적으로 잘 진행된 일이라 하더라도 그 과정에는 가슴을 쓸어내릴 만큼 아찔한 실패의 순간이 포함되어 있는 경우가 많다. 그러니 최종적으로 실패로 끝난 일이라 하더라도 그 경험을 통해 얻은 배움들이 다음 프로젝트를 성공시키는 데 기반이 되었다면, 그 실패는 충분히 가치 있는 경험이다.

□■□

성공한 사람들의 이야기에는 끊임없이 실패하는 이야기가 나온다. 그것은 단순히 상황을 극적으로 구성하기 위해 만들어진 이야기가 아니다. 실패를 통하지 않고는 배울 수 없는 것이 있다. 그들은 그 과정을 통해 실패 없이는 닿을 수 없던 가치를 만들어 냈을 것이다.

성공과 실패는 서로 연결되어 있다. 성공을 하면 더 큰 성공으로 나아갈 수도 있다. 그렇게 거침없이 나아가다 보면 예상치 못한 순간에 실패를 경험하기도 한다. 그러면 그 실패를 극복하기 위해 노력하게 되고, 그 노력이 성공하면 다음에 더 크고 어려운 실패를 만나더라도 다시 이겨낼 수 있을 것이다. 이런 맥락에서 면접 중 자신의 어떤 실패 경험을 이야기하는 게 좋을지 고민하면 단서를 찾을 수 있다.

자신의 삶을 통해 계속해서 고뇌하고, 노력하고, 부딪히는 문제들에 대해 이야기하면 된다. 면접관은 당신이 '어떤' 실패를 했는지에 관심이 있는 게 아니다. 그것이 설령 당신의 단점을 드러내는 일화라 하더라도 상관없다. 면접관이 알고 싶어하는 것은 당신이 그 실패를 '어떻게' 인식하고 극복했는가 하는 점이다. 그러니 면접 과정에서 자신의 실패담을 이야기할때는 실패에 대한 자신의 인식, 상황을 극복하고자 했던 노력의 과정 등을 제대로 이야기할 수 있는 일화를 선택하는 것이 좋다.

최종적으로 성공으로 이어진 프로젝트에서 굳이 중간에 있었던 사소한 실패를 이야기하기 위해 들추라는 것은 아니다. 성공을 했건, 실패를 했건, 자신이 의식적이고 지속적으로 극복하고자 애쓰는 것들에 대해 이야기하면 된다. 성공과 실패는 동전의 양면과 같다. 큰 고통은 그것을 극복할 수만 있다면 더 큰 성공을 위한 자양분이 된다. 자신이 삶을 통해 계속 생각하고 있는 것, 달성하려고 노력하는 것들은 성공과 실패가 함께 뒤섞여 있을 것이다. 그 둘은 결코 별개의 것이 아니기 때문이다.

□■□

면접에서 언급하기 좋지 않은 실패담 가운데 가장 나쁜 예는 '실패의 원인이 외부에 있다고 판단한 경우'다.

실패의 원인이 자신의 상사에게 있다고 생각하는 지원자가 있다고 하자. 그리고 실패의 원인이 상사를 설득하지 못한 자신에게 있다고 생각하는 사람이 있다고 하자. 당신이 면접관이라면 두 사람 가운데 누가 더 성장 가능성이 있다고 생각되겠는가. 실패의 원인이 코로나19 같은 외부 변수에 있었다고 말하는 사람과, 코로나를 계기로 세상에 결코 일어나지 않을 일이란 없다고 생각하게 되어 더 열심히 대비하게 되었다고 말하는 사람 가운데 누구와 일하고 싶겠는가.

실패의 원인이 자신에게 있어야 그 실패를 딛고 일어설 수 있다. 다른 사람이 바뀌기를 기대하는 것이 아니라 그 사람을 설득하기 위해서 무엇을 해야 할지 고민할 수 있다. 요행을 바라기보다는 예측불가한 일이 일어났을 때도 당황하지 않고 일사분란하게 움직일 수 있다. 바로 그 시점에서 최선의 길을 찾기 위해 동료들과 같이 치열하게 논의할 수 있게 된다.

삶은 100미터 달리기가 아니다. 성공이든 실패든 그 자체는 별로 중요하지 않다. 하나하나의 사건들을 통해 지속적으로 성공 확률을 높여 나갈 수 있는 사람은 결국 자신이 원하는 바를 이룰 수 있다. 여러분의 면접관은 바로 그런 사람을 찾고 있는 것이다.

얼마나
노력했는가?

세상에 완벽한 회사는 없다. 아무리 좋은 회사, 자신에게 맞는 회사라 하더라도 어느 순간 맞지 않는 부분이 생긴다. 처음에는 별것 아니라고 생각했던 사소한 부분들이 시간이 지나면서 점점 더 커진다. 자신의 마음속 가장 아픈 부분을 찌르는 것이다. 회사의 상황이 달라졌을 수도 있고, 회사는 그대로인데 자신이 원하는 삶이 바뀌었을 수도 있다. 어떻게든 문제를 해결하면 종료되는 것이 아니라, 계속해서 자신에게 영향을 주는 문제를 맞이하게 된다.

이런 상황에 처하면 결국 선택할 수 있는 것은 두 가지밖에 없다. 지금 다니고 있는 회사를 계속 다닐 것인가, 아니면 새로운 기회를 찾아 떠날 것인가. 어떤 선택을 하든, 우리는 이런 선택을 좀 더 잘할 수 있어야 한다.

작은 갈등에도 불만을 갖고 매번 떠날 생각을 하는 사람은 성장할 수 없다. 그런 사람은 어떤 회사에서도 환영받지 못할 것이다. 반대로 떠날 이유가 충분한데도 결정을 하지 못하고 계속해서 선택을 미루는 것도 좋지 않다. 모든 사람에게는 역량의 성장판이 있다. 각각의 단계에서 그 판이 닫히기 전에 계속해서 자신을 발전시켜 나가야 한다. 익숙한 관성에 젖어 망설이다 그 시간을 놓치게 되면 어느 순간 성장은 정체되어 버린다.

회사를 오래 다닌 사람이 그렇지 않은 사람보다 면접에서 특별히 더 유리한 것도 아니다. 물론 짧은 기간에 여러 번의 이직을 한 사람은 그 이유를 분명히 설득하지 못한다면 좋은 평가를 받기 어려울 것이다. 그러나 오랜 기간을 한 회사에서 머무른 사람도 새로운 회사에서 적응을 잘할 수 있을지 우려를 낳을 수 있다.

결국 설명의 문제다. 언제 회사를 계속 다니고, 언제 이직하게 되는가, 이직의 이유는 무엇이고, 떠나기로 했다면 그다음 회사는 어떻게 고르는가. 지원자가 어떤 기준으로 이러한 결정을 내리는가. 이런 부분이 바로 면접관이 지원자를 이해하고 판단하는 데 중요한 요소가 된다.

많은 지원자가 이직의 이유를 인과관계로 설명한다. 떠나게 된 이유가 이러저러하고, 그래서 지금 이 자리에 있게 되었다는 것을 강조한다. 물론 틀린 답은 아니지만, 그 과정에서 자신이 얼마나 노력을 했는지, 그럼에도 왜 결국은 떠날 결심을 하게 됐는지를 설명할 수 있어야 한다.

가령 기존 회사의 조직 문화가 본인에게 맞지 않고 전반적으로 비효율적이었다고 가정해 보자. 이는 분명히 이직을 고민하는 데 중요한 내적 동기가 될 수 있다. 그러나 이것만으로는 부족하다. 본의 아니게 전 회사를 비난하게 될 수도 있고, 지금 면접을 보는 회사의 조직문화가 자신에게 맞는다는 보장도 없기 때문이다.

이직하려는 회사에 대해 사전에 충분히 조사하고 면접에서도 이를 확인하려 노력할 수 있겠지만 회사 밖에서 회사 안을 살피는 데는 한계가 있다. 사실 한 개인과 완벽하게 잘 맞는 회사는 존재하지 않기도 하다. 따라서 그러한 회사를 찾으려 하기보다는 자신이 다니는 회사의 조직문화를 개선하려고 노력하는 것이 훨씬 나을 수도 있다. 조직문화를 이미 정해진 것이나 내가 관여할 수 없는 영역으로 규정하기보다는 자신이 믿는 동료들과 함께 만들어 나갈 수 있는 것으로 여기며 개선점을 찾으려 노력하는 것이 자신에게 훨씬 더 긍정적으로 작용하게 될 것이다.

물론 이러한 시도가 언제나 성공할 수는 없다. 회사에는 다양한 가치관을 가진 사람들이 모여 있기 때문에 사람들이 합의한 원칙들이 자신에게 맞지 않을 수 있다. 중요한 것은 다름을 인정하고, 그 안에서 공동의 목표를 향해 간격을 좁혀 나가려는 노력을 스스로 납득할 수 있는 수준으로 진행했는가 하는 점이다.

조직문화를 예로 들었지만 그 밖에도 여기에 해당하는 요소는 많다. 회사의 방향성, 실패를 극복하는 방식, 어떤 사람을 채용하고 어떤 사람과 이별할지를 결정하는 기준, 성과와 보상, 상사와의 관계 등 회사 내에서의 업무 만족도를 결정짓는 요소들은 매우 많다. 이 모든 것들이 완벽하게 자신과 맞을 수는 없다. 그러나 어떤 부분에서 문제가 생겼을 때, 그것을 해결하기 위하여 '할 수 있는 데까지 최선을 다해보았는지' 여부는 면접에서 그 사람의 진정성을 파악하는 데 핵심점인 요소로 작용한다.

□■□

회사의 비전이 없다고 생각해서 이직하려고 했다는 지원자에게 그 부분에 대해 팀장이나 대표에게 이야기해 보았는지 물어본 적이 있다. 스스로, 혹은 다른 동료들과 함께 좀 더 바람직한 모습으로 회사의 방향을 설정하고, 비전을 구체화하려고 노력했었는지 묻는 말이었다. 회사의 비전은 주어진 것, 자신이 변화를 줄 수 없는 것이라고 생각하는 지원자와 회사의 비전이 이해가 되지 않는다면 계속해서 질문하고 동료들과 함께 조각을 맞추어 나가려고 하는 지원자 사이에는 큰 차이가 있기 때문이다.

마찬가지로 대표나 팀장, 혹은 같이 일하는 동료와의 '관계'에서 문제가 있었다고 말하는 지원자에게도 '그렇게 관계가 잘 풀리지 않았던 이유는 무엇이라고 생각하는지, 그 다름을 맞추어 나가기 위해서 어떤 노력을 했는지'를 묻게 된다. 문제의 원인이, 그 해결 방법이 자신에게 있다고 생각하지 않는 사람들은 보통 이런 종류의 질문에 발끈하는 경향이 있다. 왜 회사가, 팀장이, 대표가, 다른 사람이 잘못을 했는데 그 책임을 자신에게 묻는지 이해하지 못하며 화를 내는 것이다. 이런 사람들은 결국 회사란 다 똑같다는 회의에 빠지기도 하고, 아무도 자신을 이해하지 못한다며 절망감을 느끼기도 한다.

그런 사람들에게 꼭 해주고 싶은 이야기가 있다. 아무리 좋은 회사라도, 자신과 맞는 부분이 많은 회사라도 결국은 '다름'을 맞이하게 된다. 다르다는 것, 맞지 않는다는 것은 그 자체로는 문제가 되지 않는다. 그것은 숨을 쉬는 것만큼 자연스러운 일이다. 중요한 것은 다름이 아니라, 그러한 다름을 어떻게 풀어가느냐다. 이를 위해서는 문제를 외부가 아닌 자신에게 두는 것이 선행되어야 한다.

생각했던 것과 다르네요.

애써 뽑은 지원자가 이러한 말을 남기고 퇴사하는 것만큼 난감한 것은 없다. 생각과 다른 부분을 발견하면 떠날 생각부터 하는 사람과 그 다름에 대해서 동료들과 이야기하고 더 나은 방법을 찾으려고 노력하는 사람. 이런 두 부류의 사람은 팀에 너무나 다른 영향을 미친다. '할 수 있는 데까지 최선을 다했는가'라는 질문에 정답은 없다. 그것은 오직 본인만이 답할 수 있다. 다만 면접관이 '다름을 인정하고 스스로 납득할 수 있을 때까지 노력하는 사람'에게 마음이 기우는 것은 어쩔 수 없다.

우리 제품을
사용해 보았나요?

의외로 자기가 지원하는 회사에 대해 제대로 알아보지 않고 별다른 준비를 하지 않는 지원자가 많다.

우리 제품을 사용해 보았나요?

당황하는 지원자도 안타깝지만, '아니요'라고 태연하게 답하는 지원자도 좋아 보이지는 않는다. 이것은 비단 '성의의 문제'만이 아니다.

사용해 보니 어땠어요?

사용해 본 적이 없다고 하면, 이 질문으로 이어질 수 없어서 대화의 흐름이 막히게 된다.

　병원 예약 서비스를 운영하는 회사에서 면접관으로 참여
했을 때의 일이다. 스타트업인 만큼 지원자의 상당수는 20대
였는데 '우리 서비스를 사용해 본 경험이 있나요?'라고 물어보
면 절반 이상의 지원자로부터 사용해 보지 않았다는 답변을 들
을 수 있었다. 지원하는 회사의 제품이나 서비스를 사용해 보
는 것만으로도 다른 지원자보다 유리한 위치에 설 수 있는 것
이다.

　사용해 보고 싶었는데 최근에 병원 갈 일이 없어서요.

　가장 많이 들었던 말이다. 물론 20대는 매우 건강한 시기니
까 면접을 준비하면서 딱히 아프지 않았다면 병원 예약 서비스
를 이용할 기회가 없을 수 있다. 그렇다면 다른 절반의 지원자
는 어떤 상황이었을까. 때마침 감기라도 걸려서 병원에 갈 만
큼 운이 좋았던 것일까.

　써 보고 싶었는데 딱히 아픈 곳은 없어서 제가 직접 병원 예약을 하
　지는 못했습니다. 검색을 하면서 이것저것 알아보다 보니 어린아이

를 가진 30대 부모들이 많이 쓰는 것 같더라고요. 그래서 주변 지인들 가운데 아이를 키우고 있는 분들에게 물어보니 모르는 사람이 없더라고요! '이 서비스 없으면 못 산다'고 하면서 굉장히 좋아하셨습니다. 제가 거기로 지원할 거라고 했더니 신기해하시기도 하고 응원해 주시기도 했습니다. 그래서 오늘 면접이 더 기다려졌죠.

차이가 느껴지는가. 면접 전에 서비스를 이용해 보는 것이 좋겠다는 생각이 들면 어떻게든 방법을 찾게 된다. 경험해 보고는 싶은데 아프지 않으니 어쩔 수 없다고 생각하는 것과 누가 이 서비스를 주로 사용할까, 그리고 그 사람들은 이 서비스에 대해서 어떻게 느끼고 있을까 궁금해하는 것은 굉장히 다르다. 실제 업무를 할 때도 필요한 것들을 주도적으로 생각하는 사람이 어쩔 수 없다고 체념하는 사람보다 문제해결 능력이 훨씬 뛰어나다.

중요한 것은 '궁금한 마음을 가졌는가' 하는 점이다. 검색한 번만 해보면 최근에 이슈가 되는 일이 있는지도 알 수 있고, CEO 인터뷰를 찾아보면 대표의 마음가짐이나 회사의 방향성에 대해서도 어느 정도 짐작할 수 있다. 그 제품을 쓸 것 같은 사람들에게 물어볼 수도 있다. 아직 사용하고 있지 않은 사람들에게는 해당 제품의 핵심적인 특징을 이야기하면서 관심을 가지는지를 살펴볼 수도 있다. 이러한 시도를 반드시 해봐야 하는 것은 아니지만, 그래도 자신이 다닐 수도 있는 회사가 만든 제품이나 서비스에 대해 궁금한 마음이 있는 사람을 더 채용하고 싶지 않겠는가.

면접은 마주 보는 두 사람 간의 커뮤니케이션이다. 그러나 처음 본 두 사람 사이에는 어색한 기류가 흐를 수밖에 없고, 서로 공유하고 있는 것들이 거의 없다는 점에서 대화를 이어가기 쉽지 않다. 이런 상황에서 '같이 이야기할 수 있는 것'이 있다는 것은 그 자체만으로도 좋은 기회다. 아이를 데리고 산책 나온 부모에게 아이에 대한 이야기를 하면 쉽게 대화를 이어갈 수 있는 것과 같다. 자신의 제품에 대해 관심 갖는 지원자를 싫어하는 면접관은 없다. 어쩌면 면접이라는 것을 잠시 잊고 고객의 소리를 듣는다는 생각으로 귀를 기울일 수도 있다. 그 과정에서 좋은 인사이트를 발견할 수 있다면 지원자에 대한 호감도는 더욱 상승하게 될 것이다.

반대로 제품을 사용해 보지 않았다고 하면 질문은 뚝 끊긴다. 한편으로는 '그럴 수도 있지'라는 생각이 들지만 동시에 아쉬운 마음도 드는 건 어쩔 수가 없다. 무엇보다 어색한 침묵 속에서 다른 질문을 찾느라 마음만 바빠진다. 자사 제품에 대한 간단한 설명을 곁들이며 질문을 이어갈 수도 있겠지만 이미 면접관의 마음은 차갑게 식었을 것이다.

'자신이 지원하는 회사의 서비스에 대해서 궁금해하지도 않는 사람이라면…'

이런 마음이 들면 면접을 통해 지금까지 쌓은 기대감은 순식간에 흔들리게 된다. 반대로 면접을 통해 안 좋은 평가를 내리고 있는 상황이었다면 그 생각은 확신으로 바뀌게 된다. 어느 쪽이든 지원자 입장에서는 좋을 것이 없다.

그 회사 제품을 속속들이 조사하고 공부하라는 이야기가 아니다. 회사 밖에서 알 수 있는 정보는 한계가 있다는 것을 면접관도 안다. 그러나 기본이라고 생각되는 것, 그러니까 소비자로서 관심을 갖는 자세는 필요하다.

나라면 이 제품을 사용할까? 왜 그런가?

스스로에게 이런 질문을 던져보면서 지원하는 회사에 대한 관심을 키우면, 제품에 관한 질문이 나왔을 때 당황하지 않고 이야기를 이어나갈 수 있을 것이다. 제품을 직접 팔아보거나, 어떻게 하면 좀 더 잘 팔 수 있을까를 생각하면 더욱 좋다. 이미 그 회사에 다니고 있는 것처럼 생각하며 면접을 준비할 수 있기 때문이다.

당신을
채용하지 말아야 한다면?

어느 정도 면접이 진행되고 나면 조금은 갑작스럽게 이런 질문을 받을 수 있다.

> 당신을 꼭 채용해야 한다면 어떤 이유 때문일까요?
> 당신을 채용하지 말아야 한다면 어떤 이유 때문일까요?

연결된 질문으로 이어서 할 수도 있고, 두 번째 질문만 할 수도 있다. 어느 쪽이든 대답하기에는 꽤 난감한 질문이다.

자신을 꼭 채용해야 하는 이유는 뭘까? 그 이유를 한마디로 딱 집어서 명확히 말하기도 쉽지 않지만, 말할 수 있다 하더라도 겸손을 미덕으로 여기는 한국인의 정서상 부끄러운 일이라고 생각할 수도 있다. 그렇다고 말을 흐릴 수도 없고, 떠오르는 대로 아무 말이나 둘러댈 수도 없다. 보통은 자신의 장점이나 강점에 대해 이야기하는 지원자가 많다.

문제는 '자신을 뽑지 말아야 하는 이유'라는 질문에서 발생한다. 면접은 자신을 채용하도록 면접관을 설득하는 자리인데 자신을 채용하지 말아야 하는 이유를 설명해야 하다니! 제대로 설명한다면 채용되지 않을 것이고, 제대로 설명하지 못하면 점수를 잃을 것이 아닌가.

□■□

일단 질문 자체의 뜻을 다시 생각해 보자.

'당신을 꼭 뽑아야 하는 이유'는 바꾸어 말하면 '당신이 가진 강점은 무엇인가? 왜 그것이 우리에게 필요하다고 생각하는가?'를 묻는 말이다. 반대로 '당신을 뽑지 말아야 할 이유'는 '당신이 가진 단점은 무엇인가? 당신과 일할 때 우리는 어떤 리스크를 감수해야 하는가?'라는 뜻이다. 결국 질문의 형태만 바뀌었을 뿐 '장점-단점', '강점-약점'으로 연결된 질문으로 이해할 수 있다.

다시 한번 동전의 앞뒷면을 떠올리자. 당신을 반드시 채용해야 하는 이유와 당신을 채용하지 말아야 하는 이유를 별도로 생각하기보다는, 두 가지가 서로 연관되도록 틀을 짜는 것이 기억하기에도 좋고 이야기하기도 편하다.

당신이 성과 위주로 접근하는 사람이라면, 당신을 뽑아야 하는 이유는 당신이 '결과를 만들어 내는 사람'이기 때문일 것이다. 그렇다면 그런 당신을 뽑지 말아야 할 이유는 무엇인가. 그것은 바로 결과를 만들어 내는 과정에서 조직 내에 긴장을 불러일으키고 같이 일하는 동료에게 오해와 상처를 줄 수 있다는 점 때문일 것이다. 모두를 편안하게 하면서도 언제나 성과를 만들어 내는 그런 슈퍼히어로가 아니라면 말이다. 그러나 당신은 이러한 모습을 분명히 인지하고 있고, 그렇기 때문에 업무를 시작하기 전에 일하는 방식에 대해 동료들에게 충분히 설명하고, 주기적으로 같이 일하는 동료들과 일대일로 협력하면서 불필요한 마찰을 줄여나가도록 노력하게 되었다는 이야기를 한다면 어떨까? 당신이 면접관이라면 당신을 채용하겠는가, 채용하지 않겠는가.

음? 강점과 단점 외에 뭔가 하나가 추가되었는데요?

맞다. 강점을 이야기할 때와 달리 단점을 이야기할 때는 좀 더 조심스러울 필요가 있다. 당신이 말하고자 하는 단점은 어디선가 툭 하고 떨어져 나온 것이 아니라, 당신이 가진 강점으로부터 파생되어 나온 것이다. 장점만 있고 단점이 없다고 말하는 것보다는, 단점을 이야기하되 이것을 강점과 연관을 짓는 것이다. 강점이 있기 때문에 단점은 받아들여야 한다는 의미가 아니라, 강점에 따른 단점을 누구보다도 스스로 잘 알고 있고, 더 많은 대화를 통해 위험 요인을 통제하고 있다는 것을 전달해야 한다.

모든 약에는 작용이 있고, 부작용이 있다. 약을 처방할 때 부작용을 숨기는 것은 법적으로나 도덕적으로 옳지 않다. 결국 사람들이 약을 먹는 것은 부작용을 감수하고라도 꼭 필요한 효과를 기대하기 때문이다. 대신 부작용에 대해서는 분명히 인지하고 자신의 몸 상태를 주기적으로 확인하는 것이 필요하다. 약에 부작용이 없다고 말하는 것보다 훨씬 더 납득이 된다.

당신이 이 회사에 채용되어 일할 때 걱정되는 부분이 없다고 하면 면접관은 당신에게 그 부분을 찾을 때까지 질문을 계속할 수 있다. 답하기가 쉽지 않다. 자신의 단점을 모르는, 혹은 숨기는 사람과 일하는 것은 매우 위험하기 때문에 면접관은 어떻게든 확인하고 싶어 한다. 아무런 불안 요소가 없는 완전무결한 사람이라는 인식을 주려고 하는 것보다는, 납득할 수 있는 요소를 제시하는 것이 낫다. 자신이 가진 실제 단점을 이야기하라. 다만, 그 단점은 설명이 가능해야 하고, 무엇보다 당신이 가진 장점과 연결되어 있어야 한다. 이렇게 하면 단점은 오히려 장점을 부각시키는 요소로 작용하게 된다.

설명 가능하고 통제 가능하기만 하다면 강점과 단점을 모두 가진 팀원은 강점만을 가진 사람보다 조직을 건강하게 할 수 있다. 그 조직에 꼭 필요한 강점이 만약 필연적으로 단점을 동반할 때, 단점에 신경 쓰기보다는 팀 동료들을 믿으며 자신의 강점을 더 뾰족하게 강화하는 문화를 형성할 수 있기 때문이다.

어쩌면 눈앞에 있는 면접관은 바로 당신과 같은 사람을 찾고 있을지도 모른다. 관성화된 조직에 새로운 에너지를 불러일으킬 수 있는 사람을, 면접이라는 어려운 상황에서도 그런 자신을 소신 있게 이야기하는 사람을 말이다.

부정적인 마음을
갖지 말자

면접에는 정답이 없다. 조직에는 이런 사람도 필요하고, 저런 사람도 필요하다. 회사의 상황은 저마다 다르고 면접관이 모두 같은 생각을 하는 것도 아니다. 그러나 한 가지, 거의 모든 면접에서 요구되는 공통의 덕목이 하나 있다면 그것은 '부정적인 마음을 가진 지원자를 좋아하는 면접관은 없다'는 것이다.

부정적인 마음은 쉽게 전파된다. 상자 안에 있는 상한 귤과 같다. 상한 귤이 한 개라도 있으면 어떻게든 주변 사람들의 의지를 꺾는다. 대책 없이 낙관적인 것도 좋지 않지만 부정적인 사람이 팀에 주는 영향은 절대적으로 크다. 부정적인 사람들이 차지하는 비율이 일정 수준 이상 높아지면, 그 조직은 아무리 노력해도 단일한 목표를 향해 협력하며 나아가기 어렵다.

면접관은 이미 자사의 조직 내에 있는 부정적인 사람들 때문에 고민이 많을 수 있다. 어쩌면 면접 직전에 참여했던 미팅에서도 누군가의 에너지를 빼앗는 팀원 때문에 괴로워했을 수도 있다. 지원자가 대체 불가능한 장점을 가지고 있다 해도, 부정적인 느낌을 주는 사람이라면 단 한 사람도 더 들이고 싶어 하지 않을 것이다.

에이, 그걸 모르는 사람이 어디 있어요?

면접에서 부정적인 말을 하지 않는 것이 좋다고 하면 대부분 이렇게 답한다. 언뜻 생각하기에 제정신인 사람이라면 면접에서 부정적인 말을 하지는 않으리라 생각될 것이다. 그러나 실제로 면접에서 무수히 많은 지원자가 본인도 의식하지 못한 채 부정적인 답변을 한다. 도대체 왜 그렇게 되는 걸까?

가장 주요한 원인으로는 면접에서 자주 나오는 질문에 있다. "이직을 하게 된 계기가 무엇인가?"라고 물었을 때 지원자가 누군가를 '탓하게' 되면 면접관은 자연스레 부정적인 인상을 받게 된다. 대표가, 팀장이, 같이 일하던 동료가, 조직문화가, 회사의 비전이, 안정성이 별로였다는 이야기를 하는 순간, 당신은 부정적인 사람이 돼버린다. "그런 상황을 개선하기 위해 어떤 노력을 했는가?"라고 묻는다면 지원자는 면접관에 대한 부정적인 마음을 키우게 된다. 자신을 떠나게 만든 사람과 눈앞의 면접관을 동일시하게 되는 것이다.

왜 잘못은 회사가, 다른 사람이 했는데 노력은 내가 해야 하는 거지? 여기도 이런 곳인가? 이럴 거면 굳이 여기로 올 필요도 없잖아. 다 똑같아.

일단 이런 생각이 떠오르면 '왜 우리 회사에 지원하게 되었는가'와 같은 지극히 일상적인 질문에도 과민 반응을 하게 된다. 이 회사로 이직하고 싶은 이유를 충분히 고민하지 않았거나 원했던 회사에 들어갈 수 없어서 하향 지원한 경우라면 더욱 그렇다.

왜 꼭 여기냐고? 사실 꼭 들어가고 싶은 이유는 없는데… 그런데 왜 이런 질문을 하지? 자기들이 뭐 대단하다고 생각하는 건가? 됐어요, 됐어. 여기 아니라도 갈 데 많네요.

최소한 면접을 보는 동안은 면접관이 의도적으로 자신을

불쾌하게 만들기 위해 질문하는 것은 아니라고 생각해야 한다. 질문은 질문으로 받아들이고 그 안에 이중적인 의도는 없다고 생각하는 자세가 필요하다. 감정적인 요소는 최대한 배제하고 면접의 흐름에 집중해야 한다.

□■□

맡은 일마다 정말로 큰 성과를 냈다고 말한 지원자가 있었다. 자신의 역량을 강조하고 싶어 하는 지원자들이 보통 그런 방식으로 말한다. 그러나 이 지원자는 '왜 회사를 그만두게 되었는가'라는 질문에는 제대로 답하지 못했다. 큰 성과도 냈고 대표도 자신의 성과를 인정해 주고 본인도 회사에 만족했는데 정작 지금 이직을 하려 한다니, 본인도 설명하지 못할 모순된 상황에서 길을 잃어버렸을 것이다.

재차 물어보니 마지못해 '여행을 떠나고 싶어서'라는 답을 했다. 여기까지는 그럴 수 있다. 일을 폭발적으로 하는 사람일수록 재충전이 필요한 법이니까. 그래서 지원자에게 물었다.

음… 그렇게 좋은 성과를 내고 있었다면 휴식이 필요하다고 했을 때

**대표님이 잡고 싶어 했을 것 같은데, 그만두겠다고 했을 때 대표님은
어떤 반응을 보이셨나요?**

이렇게 물으니 '당연히 잡으려고 하셨죠!'라는 답이 반사
적으로 나왔다. '그만두는 대신, 휴가를 길게 줄 테니 여행을 하
고 다시 돌아왔으면 좋겠다'는 말을 들었다고 했다. 그만큼 자
신의 역량에 대해 대표와 회사로부터 인정받았다는 것을 강조
하고 싶었을 것이다.

**음… 굉장히 좋은 제안이었을 텐데, 왜 그 제안을 받아들이지 않으셨
나요?**

이 질문에 대해 지원자는 끝끝내 답을 하지 못했다. 질문의
의도를 따라가지 못했던 것일 수도 있고, 면접에서 부정적인
답을 하지 않는 것이 좋다는 조언들을 떠올렸을 수도 있다. 그
러나, 이 시점에서 이미 지원자는 마음이 상했고 이후의 면접
에 집중하지 못했다.

부정적인 말을 하는 것보다 더 부정적인 것은, 면접에서 부
정적인 마음을 갖는 것이다. 입 밖으로 부정적인 말을 꺼내지

않았다고 해도 그 마음이 자연스레 면접관에게 전달되기 때문이다. '왜 내게 이런 말을 하지, 왜 나를 이해해 주지 않는 거지?'와 같은 생각은 면접에서는 일단 접어두자. 무조건적인 공감과 지지를 원한다면 면접이 아니라 오래된 친구를 만나야 한다. 이렇게까지 해서 들어가고 싶지는 않다고 생각하는 것도 큰 의미가 없다. 일단 면접을 보는 과정에서는 면접에 집중하고, 어긋나는 부분이 있다면 질문을 통해 답을 찾아 나설 필요가 있다.

대부분의 회사는 막힌 부분을 풀어낼 수 있는 사람을 원한다. 자신에게 닥친 상황이 어떻게 흘러가든 미소를 잃지 않고 최선을 다할수록 그 사람의 가치는 점점 더 올라간다.

모르는 것은
물어보라

면접관은 질문을 하고 지원자는 답을 한다. 단순히 이렇게만 생각하는 사람들이 많다. 아주 틀린 말은 아닌데 한 가지 빠진 것이 있다. 그것은 바로 지원자도 질문을 할 수 있다는 것이다.

면접이 거의 끝날 무렵에 나오는 '우리 회사에 대해서 궁금한 점이 있나요?'까지 굳이 기다리지 않아도 된다. 면접을 진행하는 과정에서 궁금한 것이 생겼거나, 질문의 의도를 좀 더 확인하고 싶다면 어느 순간에라도 면접관에게 양해를 구하고 질문하면 된다.

면접에서 한 사람에게는 설명이 필요 없을 만큼 자연스레 받아들여지는 것이 상대에게는 당연하지 않을 수 있다. 지원자의 대답에서 미진한 부분이 있거나 좀 더 알아보고 싶은 것이 있다면 면접관은 추가적인 질문을 통해 그 부분을 확인한다.

지원자도 마땅히 그럴 수 있지 않겠는가?

면접은 시험이 아니다. 시험에서는 모르는 개념이나 용어가 나와도 감독관에게 물을 수 없다. 아쉬운 대로 어림짐작으로 때려 맞혀야 한다. 그러나 면접은 다르다. 면접관의 질문이 이해되지 않거나, 면접관이 사용하는 용어가 익숙하지 않으면 그 의미를 애써 짐작만 할 필요가 없다. 그냥 물어보면 된다. '그것도 모르냐'고 면박을 주는 면접관은 거의 없다. '아, 내가 좀 더 설명을 잘해야겠구나' 생각하며 그러한 질문을 한 지원자를 긍정적으로 바라보게 될 것이다. 질문을 이해하지 못한 채로 엉뚱한 답을 하는 지원자보다는 모르는 부분에 대해서 확인한 뒤에 자신의 이야기를 하는 지원자가 훨씬 더 현명해 보인다.

일할 때도 마찬가지다. 업무 지시가 이해되지 않는다면 무작정 시작하는 것보다 업무 지시의 의미나 내용을 고민해보고 다시 질문하는 것이 필요하다. 정말 급하게 처리해야 하는 예외적인 상황이 아니라면 확실하지 않을 때 가장 확실한 방법은 질문하는 것이다. 모르는 것이 있을 때는 아는 척하지 말 것. 질문을 통해 면접관이 무엇을 묻고 싶어 하는지 확인하면 된다. 필요하다면 '잠시 생각한 후에 말씀드려도 될까요?'라고 양해를 구해도 된다. '아니요, 바로 답하셔야 합니다'라고 반응할 면접관은 없을 것이다.

지원자의 성향을 알아보기 위해 면접에서 의도적으로 불분명한 질문을 던지는 경우도 있다. 지원자가 질문의 의도를 이해하는지 확인하기 위해 필요한 모든 정보를 제공하지 않고 여러 방향으로 해석될 수 있는 질문을 하는 것이다. 그러면 어떤 지원자는 주어진 질문 그대로 받아 답변을 하고, 어떤 지원자는 질문을 통해 면접관의 의도를 구체적으로 확인한다. 둘중에 어떤 지원자가 더 높은 점수를 받겠는가?

어려운 개념을 포함하는 질문을 할 때도 마찬가지다. 지원자가 그 개념을 아는지 모르는지는 사실 별로 중요하지 않다. 오히려 지원자가 이미 알고 있는 내용이라면 일부러 다른 질문으로 넘어가는 경우도 많다. 모르는 것이 나왔을 때 지원자가 어떻게 반응하는지 살피고 싶기 때문이다. 어림짐작으로 답하는지, 당황하여 실수를 하는지, 아니면 모른다고 솔직하게 이야기하며 질문을 통해 그 개념에 대해 이해한 후에 자신의 생각을 말하는지 확인하게 되는 것이다.

문제가 있고 답이 있고 그것을 맞혀야 하는 학교와는 달리 현실 세계에서는 답이 없는 경우가 많다. 더욱 곤란한 것은 문제가 제대로 정의되어 있지 않은 경우도 많다는 점이다. 문제를 해결하는 능력은 주어진 문제를 푸는 것이 아니라, 풀어야 할 문제를 제대로 정의하는 것부터 시작한다. 이를 위해서는 질문할 수 있어야 한다. 질문은 면접관의 특권이 아니다. 지원자도 필요한 순간 언제라도 질문할 수 있다.

티키타카는
생각보다 중요하다

면접에 같이 참여하는 동료들에게 어떤 사람을 채용하고 싶은지 물으면 다양한 답을 들을 수 있다. 자신의 일을 스스로 찾아서 하는 사람, 밝고 긍정적인 사람, 폭넓은 경험과 깊은 경험을 모두 가지고 있는 사람, 겸손한 사람, 하고 싶은 것이 있는 사람, 에너지가 넘치는 사람, 자신의 생각을 말할 수 있는 사람, 러닝커브가 있는 사람 등 면접관마다 원하는 타입의 지원자는 모두 다르다. 하나로 딱 정해지지 않는다. 그러나 거의 모든 면접관이 공통적으로 중요하게 생각하는 것이 있다면, 그것은 바로 '말이 잘 통하는 사람'이다.

면접은 어색한 자리다. 누군가를 평가한다는 것은, 그것도 자신이 잘 알지 못하는 사람을 짧은 시간 안에 평가한다는 것은 대부분의 면접관에게 그리 유쾌한 상황이 아니다. 자신의 선택이 누군가의 삶에 큰 영향을 줄 수 있다는 사실도 곤란하지만, 잘못 채용했을 때 얼마나 힘든 시간이 이어질지 알고 있기 때문에 더욱 부담스럽다. 사람은 누구나 다른 사람에게 좋은 이야기를 하고, 좋은 인상을 주고 싶어 한다. 그러나 면접에서는 이렇게 좋은 모습만 보일 수는 없다. 지원자는 평소 자신의 모습 그대로를 자연스럽게 보여주는 것이 좋지만, 면접관은 어쩔 수 없이 원래의 모습에서 벗어나 자신에게 주어진 역할을 수행해야 한다.

물론 면접관보다는 평가를 받는 입장인 지원자가 더 긴장되고 스트레스를 받을 것이다. 그러나 면접이라는 상황을 제삼자의 관점으로 바라보면, 건너편에 있는 면접관의 상황을 이해할 수 있다. 지원자만큼이나 불편하고 어색함을 느끼고 있고, 면접이 끝나면 해야 할 일이 산더미처럼 있고, 빨리 일상의 업무로 돌아가고 싶어 하는 면접관 역시 면접이 불편한 것은 마찬가지다. 그런데 그런 면접에서 말이 술술 통하고 마음이 맞는 사람을 만났다면, 어쩌면 자신의 업무를 나눌 수 있을지도 모르는 사람을 만났다면 마치 사막에서 오아시스를 발견한 느낌을 갖지 않겠는가.

그렇다면 '말이 통한다'는 것은 어떤 것일까? 기본적으로 대화가 자연스럽게 이어진다는 것을 의미한다. 질문의 뜻을 이해하고, 모르는 것은 물어보고, 답변을 듣다 보면 궁금한 것들이 생기고, 그것을 물어보고, 새로운 것을 알게 되고, 생각을 하고, 다시 물어보는 과정을 통해 자연스럽게 면접이 진행된다는 것을 의미한다. 어색한 침묵도 없고, 의식적으로 조심해야 하는 것들도 없고, 마주 보는 누군가의 표정에서 불편한 기색을 느낄 수 없고, 그렇게 이야기를 나누다 보면 어느새 '벌써 시간이 이렇게 되었나?'를 자각하게 되는 상황이다. 처음엔 다소 어색하더라도 몇 번 이야기를 나누다 보면 점점 합이 맞춰지면서 면접이라는 상황을 잊고 대화에 집중할 수 있게 되는 것이다.

반대로 이야기가 계속 뚝뚝 끊기는 느낌을 받게 될 수도 있다. 질문의 의도를 이해하지 못하고 엉뚱한 대답을 해서 그것을 계속해서 수정해야 할 때, 대답 자체를 하지 못할 때, 습관적으로 되물을 때, 시간이 꽤 지났음에도 계속해서 긴장 상태에서 벗어나지 못할 때, 지원자의 표정에서 불편한 기색이 역력하고 내가 무엇을 잘못한 걸까 계속 신경 쓰일 때, 면접관은 질문을 하면서도 갑갑한 마음이 든다. 질문에 대해 계속 짧은 답변을 반복하게 되면 대화를 이어 나가기가 참으로 어렵다.

"좋아하는 취미가 있나요?"

"독서입니다."

"어떤 책을 좋아하세요?"

"소설을 주로 읽어요."

"가장 최근에 읽었던 책은 어떤 책이에요?"

"A라는 책입니다."

"어떤 내용의 책이었나요?"

"AA라는 내용입니다."

대화가 이런 식으로 흐르면 면접관은 마치 스무고개를 하듯 질문할 수밖에 없다.

"좋아하는 취미가 있나요?"

"예, 책 읽는 것을 좋아해요. 책을 읽다 보면 마음이 편안해져요. 그래서 고민이 있을 때는 서점에 가서 한 바퀴 주욱 둘러보곤 해요. 그러면 어떤 책 하나가 딱 눈에 들어오는데 '아, 다른 사람들도 나랑 같은 고민을 하고 있구나' 하는 생각이 들고 왠지 반갑기까지 해요. 면접관님도 책 읽는 것 좋아하세요?"

앞선 대화와의 차이점이 확연히 느껴질 것이다. 면접관의 질문에 답하되, 그에 대한 이유를 같이 말하면 면접관이 질문을 계속해야 한다는 부담감을 완화할 수 있다. 친밀감을 형성하고, 자신이 원하는 방향으로 자연스레 대화를 유도할 수도 있다. 면접관에게도 질문을 하면서 공감대를 쌓고 어떤 주제로 좀 더 깊은 이야기를 나눌지 지원자도 같이 찾아 나설 수 있는 것이다.

이런 분위기를 만들기 위해 의식적으로 노력해야 하는 부분이 있다. 첫째, 앉아있는 자세다. 느슨하게 기대어 앉는 것이 아니라 엉덩이를 의자 끝에 고정하고 몸을 앞으로 향하게 하여 면접관과의 물리적 거리를 좁히는 것이 좋다. 소개팅할 때와 같다. 상대방이 자신의 이야기에 관심이 있는 것과 그렇지 않은 것은 자세만 봐도 알 수 있다.

둘째, 시선을 맞추는 것이다. 자신을 보고 있는 시선을 계속해서 무시하는 것은 쉬운 일이 아니다. 시선을 맞추면 면접관도 같이 시선을 맞추게 된다. 그렇게 되면 무엇이 달라지는가? 이력서나 미리 준비한 질문 리스트 같은 것을 볼 수 없고, 대화 자체에 집중하게 된다.

셋째, 면접관의 반응을 살피면서 대화를 조절하는 것이다.

자신이 제대로 답하고 있는지, 면접관이 관심을 보이는지 반응의 변화를 살피고 그에 따라 말의 속도와 세기를 조절하고, 언제 이야기를 계속할지 언제 중단하고 면접관에게 대화의 키를 넘길지 판단해야 한다. 강조하고 싶은 내용은 천천히 목소리를 높여 이야기하고, 중요하지 않은 내용이나 면접관이 관심을 덜 보이는 부분은 빠르게 넘기듯 이야기하는 것이다.

주파수를 맞추는 것이라 할 수 있다. 상대방을 관찰하며 어떤 이야기에 반응하고, 어떤 이야기에 반응하지 않는지, 이 질문의 의도는 무엇이고 어떻게 답하면 좋을지, 나의 답변에 대해서 어떻게 반응하고 있는지 살피는 과정을 통해 면접관의 성향을 파악할 수 있다.

면접은 면접관이 지원자를 살펴보고 판단하는 자리이기도 하지만, 지원자도 면접관이 어떤 사람인지 관찰하고 생각할 수 있는 자리다. 면접관의 질문을 통해, 자신의 답변에 대한 반응을 통해, 면접관의 성향을 파악하고 그에 맞게 대화를 조절해 나갈 수 있다는 말이다. 면접은 두 사람이 만들어 가는 역할극이라고 생각하자.

일을 할 때도 마찬가지다. 팀장이 지시를 하고, 팀원이 그것을 수행만 하는 조직은 한계가 있다. 업무가 주어지면 배경과 중요도, 마감일을 빠르게 파악하고 질문을 통해 구체화한다. 계속해야 할 때와 잠시 멈추어 생각해야 할 때, 자신이 해결해야 할 때와 팀장과 상의해야 할 때를 구분한다. 하나의 업무가 끝나면 진행 과정을 돌아보고, 다음 업무에 이를 반영한다. 팀장이 지시하고 팀원이 수행하는 것이 아니라, 두 사람이 같이 상호작용을 하는 것이다. 이를 '합이 맞는다'라고 표현한다. 면접에서 티키타카가 잘 되는 사람들이 실제로 일을 할 때도 이렇게 합이 잘 맞을 것이다. 대화하는 것과 일하는 것 사이에는 깊은 연관성이 있기 때문이다. 질문을 통해 답을 찾아가는 사람은 언제나 희소하고 성장 가능성이 크다.

만약

긴장의 순간이 있다면

면접의 당락은
언제 결정될까?

면접은 보통 30분에서 한 시간 동안 진행된다. 한 사람을 온전히 파악하기에 분명 길지 않은 시간이다. 그러나 지원자에 대한 첫 번째 판단은 대략 10분 안에 이루어지는 경우가 많다. 물론 이것이 최종적인 의사결정을 의미하지는 않는다. 합격/불합격에 대한 결정은 개별적인 면접이 끝난 후에 면접관들이 모여 의견을 나눈 뒤 최종적으로 확정되기 때문이다. 그러나 각각의 면접에서 면접관이 마음을 정하는 것은 지원자가 생각하는 것보다 훨씬 이른 시점에 이루어진다.

10분이요? 너무 이른 것 아닌가요?

누군가를 파악하는 데 한 시간도 짧다고 이야기했는데, 당락은 그보다도 훨씬 더 짧은 10분 이내에 결정되는 이유는 무엇일까?

면접을 통해서 한 사람을 완벽하게 이해하는 것은 대단히 어려운 일이다. 아무리 경험 많고 실력 있는 면접관이라고 해도 그렇다. 한 시간이 아니라 한 시간씩 열 번의 시간을 가져도 쉽지 않은 일이다. 실제로 면접관들이 너무 이른 시간에 지원자에 대해 판단하지 않도록 가이드를 주는 회사도 많다. 그러나 결정을 뒤로 미룬다고 해서 올바른 판단을 할 수 있다는 합리적인 근거는 찾기 어렵다. 늘어난 시간에 따른 업무 부담이 가중된다는 점을 고려하면 더욱 그렇다.

□■□

오히려 반대로 생각해 보는 것이 나을 수 있다. 왜 면접관들은 그렇게 빨리 마음의 결정을 내리게 되는 것일까?

답은 간단하다. 처음 10분 동안 알 수 있는 정보가 생각보다 굉장히 많기 때문이다. 그리고 10분이 지났을 때부터는 30분을 더 이야기하든, 한 시간을 이야기하든, 한 시간씩 열 번을 이야기하든 추가적으로 얻을 수 있는 정보는 제한적이다. 같이 일해보지 않는 한 면접만으로 확인할 수 있는 정보는 한계가 있다. 10분으로 충분하다기보다는, 10분 이내에 판단할 수 없는 사항은 시간을 더 주어도 확인하기 어렵다는 의미에 가깝다.

지원자가 면접장에 들어오는 순간부터 면접관의 사고는 활성화된다. 첫인상에는 생각보다 많은 것이 담겨있다. 편안한 마음으로 자신감을 갖고 면접관과 눈을 맞추며 자연스럽게 인사를 하는 것만으로도 기대감을 불러일으킬 수 있다. 자기소개를 하면 목소리를 들을 수 있고, 어떤 식으로 이야기를 전개하는지 알 수 있다. 질문을 하고 답을 얻는 과정을 통해 지원자가 어느 정도의 이해력을 가지고, 자신의 생각을 어떻게 정리하여 펼쳐 나가는지를 알 수 있다. 이러한 것들을 파악하기 위해 꼭 오랫동안 이야기를 해봐야 하는 것은 아니다.

면접이 정말로 중요하기 때문에, 그리고 누군가를 이해하는 것이 어렵기 때문에 신중하게 판단해야 하는 건 사실이다. 그걸 머리로는 알고 있는데, 직감적으로는 빠른 시간 안에 그 사람에 대한 인상을 결정한다. 물론 면접관도 자신이 잘못 판단했을 수 있다는 것을 알고 있다. 그렇기 때문에 나머지 시간 동안 추가적인 질문을 통해 자신의 판단에 오류가 있는지 되짚어 보는 방식으로 면접을 진행하게 된다.

한 시간 동안 지원자의 이야기를 충분히 듣고 나서 합격/불합격을 결정하는 것과, 10분 이내의 비교적 이른 시간에 첫 번째 판단을 하고 나머지 시간 동안 앞서 내린 판단에 변화를 줄 것인지 검토하는 것에는 큰 차이가 있다. 어느 방식이 더 옳은가, 혹은 더 효과적인가 하는 논의는 큰 의미가 없다. 면접관이 이러한 방식으로 사고한다면 지원자도 그에 맞게 준비를 하는 것이 더 현실적이기 때문이다.

10분 안에 가장 중요한 인상이 결정된다고 해서 첫 10분만 중요하고 그 이상의 시간은 불필요하다는 의미가 아니다. 첫 10분의 중요성을 이해하라는 것이다. 그 시간 안에 면접관에게 좋은 이미지를 심어주기 위해 필요한 요소가 무엇인지 생각해 보라는 것이다. 또한, 10분의 시간이 지났다면 면접이 잘 진행되고 있는지 중간 점검을 하고 잘 진행되고 있지 않다면 왜 그런지, 그리고 어떻게 만회할 것인지를 생각하는 자세가 필요하다. 신호에 맞춰 주파수를 맞춰 나가는 것이다.

면접이 진행되는 동안 자신의 의도대로 잘 진행되고 있는지를 파악하고 그에 맞게 전략을 수정하는 지원자는 생각보다 많지 않다. 면접을 제삼자의 관점에서 바라보기보다는 자신의 이야기를 하는 것에만 집중하기 때문이다. 만약 면접장에 카메

라가 있어서 자신의 모습을 볼 수 있다면 느끼는 점이 많을 것이다.

다큐멘터리나 녹화 기반의 방송처럼 중간중간 멈추고 지원자에게, 그리고 면접관에게 방금 왜 그런 질문을 했는지, 왜 그렇게 답을 했는지, 지원자가 마음에 드는지, 지금 면접이 잘 진행되고 있는 것 같은지 물어볼 수 있다면 정말로 유익하고 흥미로운 반응들을 얻을 수 있을 것이다. 물론 실제 면접은 이렇게 진행되지 않는다. 그러나 또 다른 관점으로 면접이 진행되는 상황을 상상해 보는 것만으로도 효과는 크다. 지원자 자신이 주인공인 1인칭 시점이 아니라 지원자와 면접관을 3인칭 시점으로 바라보면 더 깊고 입체적으로 상황을 관망할 수 있게 된다.

□■□

면접을 매우 잘 본 것 같은데 최종 면접에서 떨어지는 경우가 있다. 왜 이런 일이 벌어질까?

초반에 지원자에 대해 부정적인 판단을 내렸고, 이후에도 그 판단이 바뀌지 않을 것 같다면 면접관이 중간에 모드를 바꾸기 때문이다. 채용을 전제로 한 질문보다는 지원자가 편하게 답할 수 있는 주제로 질문을 바꾸게 되는 것이다. 채용에 대한 부담이 적어지면 면접관도 굳이 악역을 맡을 필요가 없어지니 지원자의 이야기를 들어주고 공감해 주고 싶은 마음이 든다. 언제 어디서 어떻게 다시 만날지도 모르고 지원자가 회사에 대해 좋은 인상을 갖고 면접장을 나서는 것이 좋다고 생각하기 때문이다.

이러한 모드 변경을 알아채지 못하고 면접 후반부로 갈수록 잘 진행되었다고 생각하면 불합격 통보를 받았을 때 그 이유를 알기 어렵고, 다음에 진행되는 다른 회사의 면접에서도 같은 실수를 할 가능성이 커진다.

나의 경력에서 면접관은
무엇을 궁금해할까?

자신의 삶은 자신이 가장 잘 안다. 어떤 학과를 졸업했고, 학점은 어땠고, 첫 회사는 어디였고, 어느 정도 다녔고, 왜 그만두었고, 다음 회사는 어디였고, 왜 그 회사가 좋아 보였고, 그래서 얼마나 다녔고….

자신의 삶이 익숙한 만큼 타인의 관점에서 자신의 경력이 어떻게 보일지, 자신에게 무엇을 궁금해할지 관심을 갖지 않는 경우가 많다. 만약 면접관이 '제가 당신의 이력서를 보고 무엇이 궁금할까요?'라고 묻는다면 많은 지원자가 크게 당황할 것이다. 하지만 당황할 필요가 없다. 면접은 면접관이 지원자에게 궁금한 것을 질문하는 자리가 아닌가.

지원자들은 면접관이 자신의 경력을 보면서 어떻게든 숨기고 싶었던 부분들을 찾으려 할 것이라 생각한다. 그러나 면접관이 바라보고 있는 것은 지원자의 이력서다. 생각보다 눈에 잘 들어오지 않고 어디서부터 봐야 할지 파악하기도 쉽지 않다. 그렇기 때문에 꽁꽁 숨겨놓은 무엇인가를 찾으려 하기보다는 상대적으로 쉽게 발견할 수 있는 요소부터 질문을 시작하게 된다.

□ ■ □

이전 직장에 다닌 지 1년도 되지 않았다면 왜 그렇게 짧은 기간에 다시 직장을 옮길 생각을 하게 되었는지 물을 것이다. 다녔던 회사 간에 공통점이 보이지 않는다면 어떤 기준으로 이직할 회사를 선택했는지를 묻게 된다. 근무 이력 사이에 공백이 있었다면 그 시간을 어떻게 보냈는지도 물을 것이다. 전공과 다른 커리어를 이어가고 있다면 그 계기가 무엇인지를 물을 수도 있다. 다른 사람의 시각에서 보았을 때 상대적으로 쉽게 궁금해할 질문이다. 그러나 상대방이 자신의 이력서를 보고 무엇을 궁금해할지 생각해 보지 않았다면, 이러한 질문에 당황하게 된다.

면접을 준비할 때는 특별한 질문, 어려운 질문에 대한 답을 생각하는 것보다는 기본적인 질문을 찬찬히 생각해 보는 것이 좋다. 스스로 질문이 잘 떠오르지 않는다면 다른 사람에게 자신의 이력서를 보여주면서 '너라면 어떤 부분이 궁금할 것 같아?'라고 물어보는 것도 방법이다. 그러나 친구나 지인은 이미 그 사람에 대해서 알고 있고, 기분을 상하게 하고 싶지 않기 때문에 솔직하게 답해주지 못하는 경우가 많다. 결국 스스로 타인의 관점에서 자신의 이력서를 살펴보는 연습을 많이 해볼 수밖에 없다.

이는 면접에서 원활하게 답하기 위해서만은 아니다. 자신의 커리어를 객관적으로 돌아보고, 어디에서 시선이 멈추는지, 그때 왜 그런 결정을 했는지를 물어보는 과정에서 자신에 대한 이해를 높일 수 있다. 만약 섣불리 이직했던 사람이라면 어떻게 했으면 좋았을지를 스스로 되짚어 볼 수 있다. 그 일이 있고 나서 다른 회사로 이직했을 때 어떤 기준으로 회사를 골랐는지, 그 판단은 어땠는지, 이번에는 그러한 실수를 되풀이하지 않기 위해 어떤 부분에 신경 쓰는 것이 좋은지 돌아봄으로써 단서를 찾을 수 있다.

아무리 장점이 많은 지원자라 하더라도, 실제로 면접을 잘 보았다 하더라도 합격과 불합격에 대한 판단은 자신이 아닌 다른 사람이 하게 된다. 따라서 면접을 잘 보기 위해 할 수 있는 최선을 다하되 그 결과에 대해서는 필요 이상으로 반응할 필요가 없다. 불합격했다면 왜 그런 결과가 나왔는지 곰곰이 생각해 볼 필요가 있지만, 그보다 더 중요한 것은 면접을 준비하는 과정에서 자신을 좀 더 이해하게 되는 경험 그 자체이다. 그렇게 되면 면접 결과를 리뷰하고 그다음 회사를 찾는 과정에서 점점 더 자신에게 맞는 회사를 찾을 수 있게 된다. 그런 점에서 면접을 하나의 이벤트가 아니라, 연속적인 관점에서 이해할 필요가 있는 것이다.

아무래도 면접에서는 시간의 제약으로 인해 면접관이 할 수 있는 질문은 한정적일 수밖에 없다. 그러나 자기 자신에게는 얼마든지 질문할 수 있다. 자신에 대해 궁금해하고 관심을 갖게 되면 걸어갈 때나, 책을 읽을 때, 뭔가에 몰입할 때, 아침에 샤워할 때, 집중해서 일할 때, 그리고 한참을 집중하다 잠깐 밖에 나왔을 때도 자신에 대해 궁금한 것들이 생기고, 그 질문에 대해 곰곰이 생각해 볼 수 있게 된다.

'나'에 대한 이해가 높아지면, 다른 사람의 관점에서 내가 어떻게 보이는지 이해하게 된다. 자신에 대해 관심을 갖고 계속해서 질문을 던져왔던 사람과 그렇지 않은 사람은 면접이 진행되고 질문이 이어지는 과정에서 큰 차이를 보인다. 면접의 기술적인 부분에서 훈련하듯 준비를 많이 한 사람보다 평소 스스로에 대해 궁금해하고, 질문하고 답을 찾으려 한 사람이 훨씬 더 좋은 평가를 받을 가능성이 크다. 요령이나 팁, 기출문제에 신경 쓰고 자꾸 무엇인가 외우려고 하는 것보다는 면접을 '자신을 돌아볼 수 있는 기회'로 인식하는 것이 필요한 이유다.

근무 기간은
어떤 의미를 가질까?

'짧은 기간 동안 여러 번 이직한' 지원자를 좋아하는 면접관은 없다. 그 이유는 누구나 쉽게 유추해 볼 수 있을 것이다. 잦은 이직을 한 사람은 합격 후에도 불만을 느끼면 그것을 해결하려고 노력하는 대신 언제라도 다른 회사로 떠날 가능성이 크기 때문이다. '평생 직장'의 의미가 사라진 지는 이미 오래지만, 그렇다고 이직을 가볍게 생각하는 지원자를 이해해 줄 회사는 거의 없다.

그렇다면 어느 정도 다녀야 이러한 위험에서 벗어날까?

1년이면 될까, 2년은 다녀야 할까, 아니면 그 이상이어야 할까? 오래 다닐수록 좋게 볼까? 너무 오래 다녀서 불이익을 받는 기간이 있다면 어느 정도의 기간일까?

물론 이러한 질문에는 정답이 없다. 면접관마다 다르고, 회사의 인재상이나 업종 특성, 그리고 지원자의 경력에 따라서도 다를 수 있다. 그러나 근무 기간에 대해 왜 이런 종류의 우려가 생기는지 관심을 가지고 깊게 들여다볼 필요가 있다.

왜 어렵게 들어간 직장을 그렇게 빨리 그만두는 것일까? 가장 단순한 답으로는 '생각했던 것과 다르기 때문'일 것이다. 이러한 경향은 처음으로 직장생활을 시작한 신입에게서 가장 많이 나타난다. 학교와 회사는 다르다. 자신의 시간을 조절하면서 다닐 수 있는 학교와 달리, 회사는 제한된 공간에서 하루에 8시간이라는 긴 시간을 보내게 된다. 점심시간이 편하지만은 않을 테고 퇴근시간 이후, 그리고 주말도 예외 없이 일하게 될 수도 있다. 업무를 완전히 잊은 채 휴식에만 집중할 수 있는 회사도 많지 않지만, 실제로 휴식을 장려하는 회사에서도 마찬가지다. 잘하고 못하고를 떠나서 업무와 관련된 절대적인 시간 자체를 견디는 것이 쉽지 않은 경우가 많다.

무엇보다 회사는 여러 사람이 모여서 일하는 곳이기 때문에 그 안에는 이미 어느 정도 형성된 프로세스가 있다. 자신이 옳다고, 효율적이라고 생각하는 방식이 있다 하더라도 사내에서 합의된 프로세스대로 일해야 하는 경우가 많다. 처음엔 왜 그래야 하는지 의문을 갖다가도 시간이 지나면 회사의 방식이 나름대로 효율적이라는 사실을 깨닫기도 한다. 이런 경험이 반복되면 때론 불만이 쌓이고 위축될 수 있다.

많은 신입들이 생각하는 이상적인 사수는, 직장생활 초기에 흔들리는 신입사원의 마음을 이해해 주고, 차근차근 업무를 설명해 주며, 칭찬과 격려를 아끼지 않는 그런 사람일 것이다. 그러나 이러한 사수는 현실에서 흔치 않다. 그렇다고 드라마에서 나오는 것처럼 악의를 가지고 어떻게든 신입의 잘못을 찾아서 괴롭히는 그런 선임도 거의 없다. 현실에서는 각자 자신의 업무를 하기 바쁠 뿐이다.

누군가에게 일을 나눠주는 것은 생각보다 어렵다. 일을 제대로 배분하기 위해서는 자신이 할 일과 다른 사람이 할 일을 구분해야 하는데 이것 자체가 사실 쉽지 않다. 설령 구분을 잘해서 업무분장을 했다 해도, 일의 맥락을 분명히 이해하고 자신이 커버해야 하는 영역이 어디까지인지 파악하며 적절한 때에 상사에게 질문하고 확인하는, 그런 팀원은 흔치 않다. 한 명이 충원되어서 일이 줄어들 것이란 기대는 쉽게 무너진다. 팀원이 늘면 일정 기간은 일이 줄어드는 것이 아니라 더 늘어난다고 느껴지는 경우도 많다. 자연스레 '이럴 바에는 그냥 혼자하는 게 낫겠어'라는 생각이 드는 것이다.

반대로 팀원은 '왜 차근차근 설명해 주지 않지?'라는 생각을 하게 된다. '일을 주려면 일의 배경과 목적을 제대로 알려줘야 하는 것 아니야?' 언뜻 맞는 말 같지만 실제로는 그렇지 않다. 일을 잘하는 사람은 일을 하는 배경과 목표가 뚜렷하게 주어져야 잘하는 사람이 아니라, '자신이 해야 하는 일이 명확하지 않은 상태에서도' 질문을 통해 필요한 내용을 확인하고 해결해 나가는 사람이기 때문이다. 문제를 해결하기 위해서는 스스로 하나씩 단서를 풀어나가야 한다. 물론 처음부터 이렇게 하기는 쉽지 않다. 여기서 첫 번째 갈림길을 만나게 된다. 계속 다닐 것인가, 자신에게 맞는 곳을 찾아 떠날 것인가.

지금의 회사가 자신에게 맞지 않다는 것을 알아도 어떻게든 숫자를 채우기 위해 의미 없이 시간을 보내는 것이 좋다는 말은 아니다. 성장해야 할 직장생활 초기에 이렇게 수동적인 자세로 일하는 것은 더욱 좋지 않다. 그러나 다름의 원인과 해결책을 자신이 아닌 '외부'로 돌리게 되면 그 해결은 요원해진다. 일단 다니고 있는 회사에서 느끼는 불만을 이해하고 해결을 위한 단서를 찾고 노력하는 데 최소한의 시간이 필요하다. 한 회사에 오래 다녔다고 반드시 좋은 평가를 받는 것은 아니지만, 짧게 다닌 경력이 반복되는 지원자들을 많은 회사에서 기피하는 이유라고 할 수 있다.

짧게 다녔다면, 그래서 다른 회사로 이직 지원을 하게 되었다면 왜 그런 결정을 내렸는지, 그 경험으로부터 무엇을 얻었는지 제대로 설득할 필요가 있다. 두 번째 회사에 다니게 되면 이전의 회사와 지금의 회사라는 두 가지 경험 안에서 어떤 것이 유사하고, 어떤 것에 차이가 있는지 명확히 알 수 있게 된다. 마치 처음으로 유럽의 도시를 방문하면 모든 것이 좋아 보이다가도 여러 도시를 방문하게 되면 도시와 도시 간의 차이점에 대해 좀 더 깊이 이해하게 되는 것과 유사하다. 첫 번째 회사의 경험이 자신의 상상과 현실 간의 비교라면, 두 번째 회사를 다니게 되면 현실에 있는 두 회사를 비교할 수 있게 되기 때문이다.

□ ■ □

사실 면접관은 짧게 회사를 다닌 사람을 좋아하지 않는 것이 아니다. 더 정확하게는 비교적 짧은 기간에 여러 번 이직한 사람을 선호하지 않는다는 의미에 더 가깝다. 직장생활 초기일수록 자신에 대해서 잘 모르고, 자신에게 적합한 회사를 찾는 기술도 부족하다. 따라서 분명 잘못 선택할 수도 있다. 그러나 그 잘못에 대해서 곱씹고 생각하는 시간을 갖는다면 장기적으로 더 좋은 결과를 얻을 수 있다. 비교적 이른 시점에 다른 길을 찾아 떠나는 마음을 이해하지 못하는 것이 아니다. 다만 다음 직장을 고를 때는 훨씬 더 신중해야 하고, 설령 잘못 판단한 경우에도 또다시 이직을 생각하는 것보다는 시간을 두고 자신의 의사결정 구조를 되돌아보는 것이 필요하다.

그렇지 않고 매번 '회사가 잘못되었다'는 생각으로 자신에게 맞는 회사를 찾을 때까지 반복적으로 이직하려는 지원자를 반기는 회사는 거의 없다. 대다수의 직장인이 꿈에 그리는 직장 역시 현실에 존재하지 않는다. 특정 개인에게 딱 맞는 회사란 것은 애초에 존재할 수 없기 때문이다.

이직이 잦다는 것은 끈기가 없다는 뜻이기도 하지만 '선구안이 좋지 않다'는 의미도 갖는다. 자신의 선택에 대해 깊이 생각하고, 예상치 못한 결과가 나타났을 때 그 책임을 외부가 아닌 자신에게서 찾고, '다름'을 풀어가기 위해서 노력하고, 계속할 것인지 떠날 것인지를 판단하고, 다음에는 같은 실수를 반복하지 않기 위해 어떻게 직장을 찾아 나설 것인가 생각하는 과정에는 일정한 시간이 필요하다. 한 번, 두 번 실패가 거듭되면 그다음 선택에 좀 더 신중하고, 생각과 다르더라도 길게 고민하면서 개선점을 찾아야 한다.

반대로 한 직장을 오래 다니는 것이 무조건 좋은 것도 아니다. 대략 3년 이상 다니면 '빈번하게 회사를 옮긴다'라는 인식에서는 상대적으로 자유롭다. 5년을 다녔다면 좀 더 끈기 있게 보일 수 있다. 그런데 7년을 다니고 10년을 다니면 어떻게 될까?

회사를 오래 다닐수록 그 회사 안에서는 업무적 자산이 쌓이게 된다. 아는 사람도 많아지고, 그 사람들이 주요 위치를 차지하게 되면서 필요한 순간 리소스를 끌어내기도 쉬워진다. 담당하는 업무에 대한 전문성도 높아지고 익숙한 만큼 일하는 효율도 올라간다. 그러나 그러한 자산 가운데 어떤 부분은 다른 회사에 가서도 통용될 수 있지만, 회사를 옮기면 더 이상 유효하지 않은 것들도 많다. 지금 다니고 있는 회사에 한해서만 유용한 업무 자산으로 자신을 채우는 것은 자칫 위험한 선택이 될 수 있다.

모두 그런 것은 아니겠지만, 여러 회사를 다니면 적응력이 좋아지게 된다. 새로운 환경에 적응하는 것은 그 자체로 귀한 경험이다. 새로운 툴을 익히고, 낯선 환경에서 다시금 업무 기반을 쌓고, 서로 다른 조직문화를 경험하고, 서로 다른 업종에서 일하게 되면서 '특정 회사에 속한 것'과 '회사를 넘어 공통되는 역량'을 구분할 수 있게 된다. 한 회사를 오래 다닌 사람들이 다른 회사에서 반드시 어려움을 겪는다고 단정할 수는 없지만, 여러 회사를 다닌 사람들이 새로운 회사에서의 적응에 유리할 가능성은 더 크다.

결국 짧게 다닐수록 반드시 나쁜 것도 아니고, 오래 다닐수록 반드시 유리한 것도 아니다. 최적의 근속 기간이라는 것이 따로 있어서 그즈음에 이직하면 몸값을 가장 크게 올릴 수 있는 것도 아니다. 한 직장을 오래 다녀서 얻는 것과 충분히 할 만큼 했다고 생각했을 때 이직하면서 얻을 수 있는 것 가운데 어느 것이 최선일지 고민하고, 선택하고, 그 결정을 돌아보길 바란다. 매 순간 어떤 선택을 하는 것이 자신의 삶에 더 중요한가를 스스로 생각할 수 있어야 한다. 그리고 면접에서는 그러한 선택의 이유를 설명하면 되는 것이다.

다른 업종,
혹은 다른 업무로의 전환을 한다면

회사를 옮길 때는 기존에 했던 업무와 유사한 업무를 하는 곳으로 지원하는 경우가 있고, 다른 업종 혹은 다른 직무로 변화를 꾀할 때가 있다. 전자의 경우 이직의 이유와 함께 해당 업무에 대한 전문성을 확인할 수 있는 질문을 하게 된다. 후자의 경우 업무에 대한 경험이나 세부적인 질문보다는 변화를 시도하고자 한 계기와 해당 업무 혹은 직무를 하기 위해 가장 필요한 것이 무엇이라고 생각하는지 주로 묻게 된다.

가령 커머스를 메인으로 하는 회사에서 기획자를 채용할 때 경쟁사에 다니는 기획자를 채용할 수도 있지만, 새로운 시각과 경험을 서비스에 결합하기 위하여 커머스가 아닌 다른 업종에서 근무했거나, 기획이 아닌 다른 직무를 수행했던 지원자를 채용하고자 하는 경우도 많다. 후자의 경우라면 이 지원자에게 커머스 기획에 필요한 세부적인 질문을 하는 것은 큰 의미가 없다.

물론 지원자가 다른 업종에서 온 사람이라면 커머스에 대한 기본적인 이해를 갖고 있는지 물을 수 있고, 다른 직무에서 기획자로 업무 변경을 희망하는 지원자에게는 좋은 기획자가 되기 위해 필요한 요소에 대한 질문을 할 수는 있다. 그러나 업종이나 직무가 다른 지원자에게 커머스 기획에 대한 세세한 질문을 하게 되면 이 사람이 커머스 기획에 대한 경험과 지식이 없다는 것만 확인할 뿐이다. 이것은 이미 이력서에 있는 정보로, 큰 의미는 없다.

지원자 입장에서도 자신이 해당 업종 혹은 해당 직무에 대한 경험이나 전문적인 지식이 없다는 것에 지나치게 위축될 필요는 없다. 면접은 시간과 정신이라는 리소스를 소진해야 하는 작업이기 때문에 해당 업종과 직무 경험이 있는 지원자에 한해서만 채용할 목적이었다면 애초에 면접에 부르지도 않았을 것이다.

□■□

그렇다면 면접관은 어떤 질문을 할까. 그리고 지원자는 어떤 것에 대해 생각하고 면접에 들어가야 할까.

가장 중요한 질문 가운데 하나는 다른 업종, 혹은 다른 직무로 전환하려고 하는 이유다. 자신에게 익숙하고 잘 아는 분야가 아닌 새로운 일을 새로운 회사에서 하고 싶다는 것은 단순한 호기심을 넘은 이유가 있을 것이다. 따라서 어떤 부분에서 매력을 느꼈고, 자신이 왜 그 일을 하고 싶은지, 왜 잘할 수 있다고 생각하는지 설명할 수 있어야 한다.

패션 커머스로 커리어를 시작하여, 화장품을 만들고 판매하는 회사를 거쳐, 구직자 연결 서비스를 만드는 회사에 다니던 사람이 헬스케어 업종에 지원하는 경우를 생각해 보자. 이 경우 면접관은 서로 다른 업종에서 일했던 배경, 그리고 지금 자신의 회사에 지원한 이유를 묻게 될 것이다.

저는 제가 관심을 갖는 제품이나 서비스를 다루는 회사에 다니는 것을 좋아합니다. 첫 직장에 다닐 무렵에는 옷에 관심이 많았어요. 여러 브랜드의 옷을 살펴보고, 입어보고, 친구들에게도 추천을 해주었습니다. 그러다가 제 취향에 잘 맞는 패션 커머스 회사가 눈에 들어왔어요. 그래서 직접 연락해서 면접을 보고 일하게 됐습니다. 그렇게

3년 정도 일을 하고 나니, 그다음에는 화장품에 대한 관심이 커졌습니다. 첫 회사를 다니면서 알게 된 분의 추천으로 화장품 회사의 대표님과 면접을 보게 되었는데 굉장히 열정도 많고 배울 점이 많은 분이었지요. 그렇게 뷰티 회사에 들어가서 또 3년 정도 업무를 하면서 화장품 만드는 것부터, 판매하고 마케팅하는 과정을 볼 수 있어서 너무 좋았습니다. 똑같이 20대 여성들이 좋아하는 아이템이지만 어떤 부분은 같고, 어떤 부분은 다르다는 점이 굉장히 신기하고 재미있었습니다.

그런데 20대 후반으로 가면서 옷이나 화장에 대한 관심은 점차 줄어드는 반면, 직장이나 일과 같이 좀 더 현실적인 부분들이 눈에 들어왔어요. 세상에는 어떤 직업들이 있나, 사람들은 어떻게 자신에게 맞는 직장을 구하는가, 나는 어떻게 살고 싶은가에 대해 관심을 가지게 됐습니다. 그래서 구직자를 찾아주는 서비스 만드는 회사에 들어갔지요. 한 가지 직장에 다니는 것을 넘어 사이드잡이나 N잡러와 같이 자신의 취향에 맞는 일을 적극적으로 찾아다니는 사람들을 보니 신기하기도 하고 생각해 볼 부분도 많았습니다.

이제 어느덧 30대가 되었는데요, 지금 제가 가장 관심을 갖는 것은 건강입니다. 아무래도 나이를 먹게 되니 예전과 몸이 달라지는 게 느껴지기도 하고, 좀 더 건강하게 살고 싶다는 생각을 하게 되었습니다.

다른 사람들은 어떻게 지내나, 건강에 관련해 어떤 서비스가 있나 살펴보다가 이 회사를 알게 되었습니다. 처음엔 이름을 잘 몰랐고 '이런 회사도 있네?' 하고 가볍게 살펴보았는데, 찾아볼수록 이용자들의 반응도 좋고 사회적인 의미도 크다는 것을 알게 되었습니다. 무엇보다 엄마들이 정말 좋아하는 서비스라는 점이 마음에 들었어요. 한동안 또 푹 빠져서 일을 해볼 수 있을 것 같다는 생각이 들었습니다.

여러 업종을 다녔다는 것을 핸디캡이 아닌, 자신의 맥락으로 풀어간 설명이다. 한 회사에 들어가 정년까지 다니기를 원하는 지원자도 많지 않고, 정년을 보장해 주려는 회사도 많지 않다. 이제는 단 2~3년이라도 자신이 담당하는 제품이나 서비스에 애정을 갖고, 그 서비스 너머에 있는 사람들을 떠올리며 적극적으로 일하는 사람을 훨씬 더 선호한다. 이런 부분에서 여러 업종을 다닌 경험을 통해 자신이 어떤 성향의 사람인지, 직장을 고르는 기준이 무엇인지, 무엇보다 지금 지원하는 회사의 서비스에 얼마나 관심을 갖고 있는지 전달했다면 그것으로 충분하다.

커리어의
공백이 있다면?

지원자의 이력서에서 유독 잘 보이는 것은 공백, 즉 커리어가 비어 있는 기간이다. 1~2개월 정도면 몰라도 대략 3개월 이상의 기간이 비어있으면 그에 대한 질문을 할 가능성이 크다. 공백 기간이 이보다 길다면 그만큼 답변을 더 잘해야 한다.

공백은 여러 가지 사유로 발생한다. 학교를 졸업하고 바로 취직하지 못한 경우나, 회사를 그만두고 나서 다시 회사에 들어가는 데 시간이 걸렸거나, 대학원을 가거나, 육아휴직을 갖거나, 자신의 사업을 했는데 이력서에 남기기는 어렵다고 생각하거나, 다른 회사에 들어가긴 했는데 워낙 짧은 기간 다녀서 이력서에서 제외했거나, 몸이 아팠거나, 뭔가를 배우기 위한 시간을 가졌거나, 아니면 여행을 떠나거나 갭이어를 갖는 등 다양한 사유가 있다.

공백 자체가 나쁜 것은 아니다. 그러나 그 공백을 적절히 설명하지 못하는 것은 문제가 된다.

가장 흔한 것은 오랫동안 취업이 되지 않는 경우다. 비자발적인 구직 상태가 지속되면 지원자의 자신감은 크게 떨어진다. 제대로 된 피드백을 받지 못한 상태라면 더욱 그렇다. 면접에서 왜 공백 기간이 발생했는지, 그동안 무엇을 하며 보냈는지 질문을 받으면 머뭇거리며 말을 흐리게 된다. 물어본 면접관도 민망할 수 있지만, 더 큰 문제는 일단 이 상태에 들어서면 이후의 면접 과정에도 적지 않은 영향을 받는다는 점이다. 한 번 위축되면 면접 내내 회복하지 못하는 지원자가 생각보다 많다.

가장 좋은 것은 그 공백의 기간을 솔직하고 담백하게 이야기하는 것이다.

회사가 어려워져서 많은 동료들이 구조조정이 되었습니다. 뭔가 상황이 좋지 못하다는 것은 알고 있었지만 그래도 그렇게 갑작스럽게 통보받을지는 미처 몰랐습니다. 만약의 사태가 발생해도 어느 정도는 정리하고 다른 회사를 찾는 시간이 주어질 것으로 생각했거든요. 그래도 새 회사를 찾으면 되겠지, 하고 마음을 다잡고 이력서도 정리해서 몇 곳의 회사에 넣었는데 생각보다 쉽지가 않았습니다. 자신감도 많이 떨어지더라고요. 제가 원하는 시점에, 충분한 시간을 가지고 면접을 준비했을 때와는 상당히 달랐습니다. 면접을 보면서도 축 처져있는 제 자신이 느껴졌습니다. 이래선 안 되겠다고 생각을 했죠. 그래서 일단 엎어진 김에 쉬어 간다고 마음을 편하게 먹고 다시 시작하기로 했습니다. 러닝도 하고, 관심이 가는 책도 읽고, 물도 많이 마시면서 앞으로 어떤 삶을 살고 싶은가 생각했습니다.

정말 힘들었는데, 다음 회사에 들어가고 나서 돌이켜보니 그때의 경험이 큰 도움이 되었다는 생각을 했습니다. 예전에는 그냥 흘려보냈던 하루하루가 다 의미가 있더라고요. 회사의 상황에도 더 관심이 갔습니다. 경영이 잘 되고 있는지, 제가 좀 더 살릴 수 있는 부분이 있는지도 먼저 확인해 보게 되었고, 궁금한 점이 있으면 적극적으로 물어보게 되었죠. 지금도 갑갑한 일이 생기면 밖에 나가서 오랫동안 걷거나, 땀이 흠뻑 날 때까지 뜁니다. 가만히 자리에 앉아 고민만 하는 것보단 일단 몸부터 움직이고, 그러고 나서 한껏 개운해진 마음으로 '자, 어디서부터 시작해 볼까' 하고 생각할 수 있게 되었습니다.

여행을 하거나, 무언가 배우거나, 갭이어의 시간을 갖기 위해 자발적으로 퇴사한 경우도 마찬가지다. 솔직담백하게 자신의 이야기를 하면 된다.

직장을 그만두고 자신에 대해 생각하고, 어떻게 살고 싶은지, 무엇을 하고 싶은지 생각하는 마음을 모르는 면접관은 없다. 어쩌면 면접관 본인도 그런 경험을 가지고 있거나, 아니면 자신도 한번은 그렇게 살아보고 싶었지만 미처 용기를 내지 못했을 수도 있다. 쉬는 동안 무엇을 했는지, 그 공백의 시간이 지원자에게 결국 어떤 의미로 다가왔는지 추가적인 질문을 할 수도 있다. 조심해야 할 부분이 있다면 솔직하게 이야기하되 지나치게 감상적이 되지 않아야 한다는 점이다. 공백의 기간을 지나치게 강조하면 언제라도 다시 떠날 수 있다는 인상을 줄 수도 있다.

아이를 낳으면서 다니던 직장을 그만둔 경우에도 적지 않은 공백이 발생한다. 아이와 함께하는 1~2년의 기간은 무엇보다 소중한 시간이었을 것이다. 그러나 직장을 다시 구하는 상황에서는 예전에 비해 감이 떨어졌을 것 같다는 걱정과 아이를 두고 다시 일에 집중할 수 있을까 하는 생각, 그리고 내가 다시 일을 해도 아이는 정말 괜찮을까 하는 복잡한 마음이 교차한다. 육아 휴직 후 이제 일할 준비가 되었다고 면접장에서 당당하게 말하는 지원자도 있지만, 자신도 모르는 사이에 자신감이 낮아진 경우도 많이 보게 된다.

그러나 일하는 것은 자전거를 타는 것과 비슷하다. 자신이 맡은 영역에서 업무를 잘하는 사람이었다면 한동안 일을 멈추었다 하더라도 다시 직장에 다니게 되었을 때 생각보다 빠르게 적응한다. 오히려 부모로서의 경험이 큰 도움이 되기도 한다. 예전에는 미처 알지 못했던 부분들이 눈에 들어오기도 하고, 커뮤니케이션이 한결 부드러워지거나 필요한 순간 단호하게 말할 수 있게 된다. 현실의 업무는 중단된 채로 시간이 흘렀지만, 자신도 모르는 사이에 업무에 필요한 다른 부분들이 강화된 것이다.

결국 중요한 것은 자신감과 화법이다. 자신의 커리어에 공백이 있다면 그것을 피하지 않고 정면으로 마주하면 된다. 그 기간이 자신에게 어떤 의미였는지, 그때의 경험이 자신의 삶에 어떤 영향을 주었는지 생각하고 당당하게 이야기하면 된다. 공백은 그 자체가 결점이 아니라, 그 사람을 알아갈 수 있는 하나의 좋은 기회이기 때문이다.

학교, 학과는
어느 정도 영향을 줄까?

어느 학교를 나왔는지, 어떤 전공을 했는지는 서류 검토 및 면접 과정에서 꽤 오랫동안 꼬리표처럼 따라다닌다. 특히 신입으로 처음 회사에 들어가려 할 때는 인턴 경력을 제외하면 달리 이력서를 채우는 것도 쉽지 않기 때문에 학교나 학과, 그리고 학점 같은 기본적인 부분들이 상대적으로 중요하게 다루어질 수 있다. 그러나 경력이 쌓일수록 학교나 전공보다는 이전 직장에서의 업무 성과와 경험에 대한 가중치가 훨씬 더 중요하게 다루어진다.

남들이 모두 들어가고 싶어 하는 좋은 학교를 나왔다는 것이 회사에서의 업무 성과를 보증하지는 않는다. 그렇기 때문에 선입견을 없애기 위해 블라인드 채용을 통해 학교나 학과를 가리고 지원자를 평가하는 회사도 있다. 그러나 여러 지원자가 있다면 되도록 좋은 학교를 졸업하고 관련 전공을 수료한 지원자에 눈길이 가는 것도 사실이다. 특히 서류를 검토할 때는 일정 수준 이상의 조건을 갖춘 지원자에게 시선이 좀 더 머문다. 하지만 딱 거기까지다. 일단 서류를 통과하고 면접을 진행하게 되면 학교나 전공, 그리고 학점 같은 부분보다는 지금 눈앞에 있는 지원자의 이야기에 집중하게 된다. 직장 경력을 가진 지원자라면 더욱 그렇다. 학교나 전공에 대해 굳이 무시할 필요도 없겠지만, 필요 이상으로 가중치를 두려고 하지 않는 것이다.

학교나 전공, 학점이 채용에 걸림돌이 되었다면 면접관보다는 지원자 쪽의 영향일 가능성도 무시하지 못한다. 좋은 학교를 나오지 못했다는 것에 대해, 지원하는 회사의 직무와 연관된 학과를 나오지 않았다는 것에 대해, 학점이 생각보다 높지 않다는 것에 대해 지나치게 의식하는 경우 지원자는 무의식적으로 위축된다. 그래서 면접관의 질문 하나하나에 민감하게 반응하게 될 수도 있다. 채용이 되지 않았던 원인을 학교나 전공, 학점과 같은 요소에 두었던 지원자라면 더욱 그렇다.

좋은 학교를 나왔어도 회사에 잘 적응하지 못하는 사람이 많고, 좋은 학교를 나오지 않았어도 일을 잘하는 사람들이 얼마든지 있다는 것을 면접관은 잘 알고 있다. 학창 시절의 공부는 사람의 능력 중에 매우 협소한 부분만을 보여준다. 깊이 생각하는 것보다는 제한된 시간 안에 비슷비슷한 문제를 반복해서 효과적으로 풀어내는 것이 학교 공부에는 훨씬 더 유리하다. 알고 싶은 것을 스스로 찾아서 공부하기보다는, 정해진 루트대로 실행하는 것이 유리하기도 하다. 일정 수준 이상의 성실함으로 이해될 수는 있지만, 좋은 성적을 받았다는 것이 필요한 것을 찾아 스스로 공부한다는 것을 의미하지는 않는다.

전공 역시 마찬가지다. 학교에 지원하기 전에 자신이 어떤 특성을 가지고 있고, 앞으로 무엇을 하고 싶은지 깊이 생각하는 경우는 흔치 않다. 많은 수의 학생은 적성보다는 시험 성적으로 학교나 학과를 선택한다. 전공에 대해 제대로 알지 못한 채 막연한 기대감을 갖고 대학생활을 시작하지만 기대는 쉽게 무너진다. 전공을 바꾸는 것에 비교적 관대한 외국과 달리 우리나라에서는 그것도 쉽지 않으니 대체로 복수전공을 하는 것 정도로 타협하게 된다.

학점 또한 마찬가지다. 일정 수준 이상의 학점을 가진 지원자를 선호할 수는 있지만, 만점에 가까운 학점을 받았다고 특별히 가중치를 높게 부여하는 면접관은 생각보다 많지 않다. 일정 수준 이상만 된다면 학점에 그렇게 큰 의미를 부여하지 않는다.

다만 학점이 낮은 경우에는 그 이유를 확인하고 지원자가 그에 대해 어떻게 설명하는지 관심을 갖고 지켜보게 된다.

□■□

사실 대학에서 배우는 내용과 회사에서 필요로 하는 능력 사이의 간극은 상당하다. 차라리 학점은 좀 낮더라도 자신이 관심을 가진 과목을 적극적으로 찾아서 깊게 공부한 지원자가 유리할 수 있는데, 우리나라의 대학 구조상 이러한 지원자는 흔치 않다. 또한 면접에서는 질문할 내용들이 많기 때문에 신입 면접이 아닌 이상 이런 부분에 대해 깊은 질문을 하기도 쉽지 않다.

학교도, 전공도, 학점도 생각보다 중요하지 않다면 이러한 요소들은 면접에서 신경 쓰지 않아도 되나요?

반은 맞고, 반은 틀린 질문이다. 먼저 좋은 대학, 지원하는 직무와 연관된 전공, 일정 수준 이상의 학점을 가졌다면 이 부분에 대해 크게 신경을 쓰지 않아도 된다. 면접에서 질문이 나왔다고 해도 평소에 생각하던 것들을 솔직하게 이야기하면 그 것으로 충분하다.

반면, 학교나 전공, 학점에서 다른 지원자보다 부족한 부분이 있는 경우 이를 확인하는 질문이 나올 것이고, 그 질문에는 대답을 잘해야 한다. 지원하는 직무와 연관성이 낮은 전공을 가진 경우에는 특히 그렇다. 당시의 상황과 경험을 통해 느낀 것, 그리고 이후의 커리어를 연계하는 과정에서의 생각을 이야기할 수 있어야 한다.

무엇보다 위축되지 않는 것이 중요하다. 원하는 대학을 가지는 못했지만 대학에 들어간 이후에 공부를 열심히 한 경우라면 공부에 흥미를 갖지 못했던 고등학교 시절과 대학 이후를 비교해 이야기할 수 있다. 좋은 학교를 나왔는데 생각보다 학점이 좋지 않은 경우에는 대학에 와서 관심을 갖게 된 다른 것들에 대한 이야기를 해도 좋다. 젊은 시절에 원 없이 놀아본 사람을 좋아하는 면접관도 꽤 많다. 관심을 갖게 된 영역을 발견하게 된 계기나, 그 이후 삶에 대해 자연스럽게 연계할 수도 있다.

여기서 중요한 것은 지원자의 그런 경험을 이해하고 공감할 수 있느냐, 같이 일하고 싶다는 생각이 들 만큼 매력적이냐 하는 점이다. 학교, 전공, 학점 같은 것들은 이미 지나간 것들이다. 인제 와서 바꿀 수가 없다. 과거에 묶여있기보다는 그러한 경험을 바탕으로 느낀 것을 앞으로 할 일에 연결할 수 있는 지원자를 훨씬 더 선호한다.

누구나 삶에 부침은 있다. 계획하고 집중해야 할 때도 있지만 마음이 끌리는 대로 살아가고 싶을 때도 있다. 그러다가 어느 순간 어떤 계기를 통해 관심 있는 것들을 발견하고, 좀 더 파고들기도 하고 숙련하는 과정을 거치기도 한다. 그러니 면접관은 학교나 전공, 학점이 아니라 그 사람에 대해서, 어떠한 가치관을 가지고 사고하는 사람인지 관심을 갖고 질문을 한다는 것을 꼭 기억하자.

Money
Talk

거의 모든 지원자가 '돈'에 대해 이야기하기를 어려워한다. 연봉을 너무 높게 부르면 합격하기 어려울 것 같고, 너무 낮게 부르면 이직하는 의미가 없을 것 같다. 적절한 선을 찾고 싶은데 자칫 어색해지기 쉽다. 경우에 따라서는 좋았던 면접 분위기를 한순간에 틀어지게 할 수도 있다.

먼저 보상에 대해 세부적으로 알아보자. 보상은 크게 급여와 성과급으로 나뉜다. 급여는 확정된 금액이고, 성과급은 매년 지급될 수도, 지급되지 않을 수도 있는 금액이다. 같은 금액이라면 당연히 확정된 금액인 급여에서의 인상을 선호하게 된다. 문제는 해당 회사가 매년 어느 정도의 성과급을 지급하는지 입사 전에 알기가 어렵고, 성과급은 개인에 따라 큰 폭의 차이가 있기 때문에 자신이 받을 수 있는 금액을 사전에 예측하기가 어렵다는 점에 있다. 포괄연봉인지, 비포괄연봉인지도 총 보상에 영향을 준다. 포괄의 경우 야근을 해도 수당이 지급되지 않기 때문에 비포괄에서 포괄을 적용한 회사로 이직할 때는 이러한 부분도 신경이 쓰인다.

급여와 성과급, 수당 외에도 사이닝 보너스(signing bonus)와 같이 일회성으로 지급되는 금액도 있고, 스톡옵션이나 RSU(Restricted Stock Unit, 회사가 직원에게 보상으로 제공하는 주식) 제도가 있는 곳도 있다. 급여나 성과급 외에 추가로 지급되는 경우라면 당연히 환영이겠으나, 총 보상에서 이러한 부분을 반영하여 급여와 성과급이 조정되는 경우가 많기 때문에 그로 인한 차이가 크다면 역시 신경이 쓰인다.

보통은 스톡옵션보다는 RSU를 선호하는 경우가 많다. 회사의 가치가 올라갈 때만 의미가 있는 스톡옵션과는 달리 RSU는 회사가 완전히 망하지 않는 이상 그 가치가 0이 되는 일은 없기 때문이다. 그러나 RSU로 받을 수 있는 주식의 수량은 스톡옵션에 비해 상대적으로 적은 편이다. 회사가 큰 폭으로 성장할 가능성이 크다면 RSU보다는 스톡옵션으로 받는 것이 유리할 수 있는 것이다. 그러나 이러한 부분은 상장회사인지 비상장회사인지에 따라서도 다르고, 스톡옵션의 행사가나 행사

조건에 따라서도 다르고, 근속 기간 내에 상장할 가능성에 따라서도 가치가 달라지며, 세금 이슈도 살펴봐야 한다. 이래저래 복잡할 수밖에 없다.

이직에 있어 보상적인 측면을 얼마나 중요하게 생각할지는 사람마다 다르다. 그 사람의 연차와 실력, 재무적인 상황이나 보상을 바라보는 관점, 그리고 이직하게 된 계기나 지원하는 회사에 얼마나 들어가고 싶은지에 따라 달라진다. 이런 문제에 정답은 없다. 그러나 그럼에도 불구하고 면접에 들어가기 전에 미리 생각해 보는 것이 좋은 지점들은 있다.

□ ■ □

첫째, 자신이 가진 역량과 연봉의 상관관계이다. 일을 잘하는 사람은 언제나 희소하다. 역량이 높아지면 장기적으로 연봉은 오르게 되어있다. 따라서 당장의 금액보다는 지금 지원하는 회사에서 자신이 어느 정도 성장할 수 있는지가 훨씬 더 중요한 경우가 많다. 무엇보다 자신이 받고 있는 연봉이 자신의 역량을 대변하지는 않는다고 생각해야 한다.

둘째, 커리어 전반부의 연봉보다는 커리어 후반부의 연봉이 훨씬 더 중요하다. 회사를 다니다 보면, 특히 직장생활 초반에 자신과 친구들의 연봉을 비교하게 된다. 첫 직장의 연봉 수준과 몇 번의 이직에 따라 큰 폭의 연봉 차이가 느껴지는 경우도 많다. 매년 적용되는 연봉 인상률을 보면 한숨이 나고, 한 번 생긴 차이는 영원히 좁혀지지 않을 것처럼 보일 수 있다. 그러나 시간이 지나면 결국 실력이 훨씬 더 중요해진다. 프로젝트를 성공시킨 경험을 통해 자신만의 경쟁력을 갖추면, 그때부터는 연봉 협상의 주도권을 가질 수 있다. 직장 경력 마지막 몇 년의 연봉이 그 이전의 모든 연봉의 합보다 큰 경우도 발생할 수 있다.

셋째, 보상을 지나치게 강조하다 보면 면접 과정을 통해 쌓아놓았던 이직의 동기가 완전히 흔들릴 수 있다. 처음부터 보상이 적어서, 성과에 비해 인정받지 못해서 이직을 생각하게 되었다고 말한 경우가 아니라면, 보상적인 부분에서 주저하는 모습을 보이면 신뢰도가 깎일 수 있다. 연봉을 올리려는 시도를 하지 않거나 무조건 물러서라는 이야기가 아니다. 원하는 연봉이 있다면 불러도 된다. 그러나 최대한 많은 연봉을 받으려고 노력하는 것보다는 자신이 받아들일 수 있는 마지노선을 분명히 하되, 그 선을 넘으면 보상적인 측면보다는 자신이 그 회사에서 하고 싶은 것, 이루고 싶은 가치로 화제를 전환하는 것이 훨씬 더 좋다. 일을 잘하는, 성과를 냈던 사람이라는 인상을 줄 수 있기도 하고, 결국 회사는 필요한 사람을 잡기 위해 그만큼의 보상을 제시하기 때문이다. 그 협상의 시점이 다를 뿐이다.

최종면접은
무엇이 다른가?

채용과정은 일반적으로 서류 검토, 실무 면접, 최종 면접으로 구성된다. 서류 검토와 실무 면접 사이에 전화 인터뷰가 있을 수 있고, 실무 면접이 좀 더 여러 단계로 세분화될 수 있지만 대체로 이러한 순서로 진행된다.

면접에는 크게 네 분류의 사람들이 참여한다. HR 담당자, 같이 일하게 될 동료, 채용되었을 때 그 사람을 담당할 매니저(Hiring Manager), 그리고 최종 의사결정자이다. 서류 검토는 주로 매니저가 담당하고, 1차 면접은 매니저와 동료들이 같이 참여한다. 최종면접은 매니저의 상급자, 혹은 회사의 대표가 참여한다. HR 담당자는 면접의 전체 과정에 관여하게 된다.

1차 면접은 주로 실무적인 능력을 살핀다. 어느 정도의 역량을 가지고 있는지, 그리고 같이 일하는 데 문제되는 부분이 없는지 주로 점검하게 된다. 업무와 직접적으로 관련된 내용을 세부적으로 묻고 답한다. 면접관과 지원자의 나이 차이도 적기 때문에 친밀감이 높은 상태에서 진행된다. 따라서 지원자 입장에서는 편안한 마음으로 자신의 생각을 이야기할 수 있다. 1차 면접이 끝나면 면접에 참여했던 사람들은 각자의 의견을 나누고, 매니저는 이러한 의견들을 확인한 후 2차 면접에 해당 지원자를 올릴 것인지 결정한다.

1차 면접이 지원자의 실무 역량을 주로 살핀다면, 2차 면접에서 가장 중점적으로 보는 것은 가치관이나 조직 적합도와 같은 상위 개념이다. 실무 역량에 대해서도 질문이 나올 수 있지만 1차 면접에 참여했던 면접관들이 실무에 대해서는 어느 정도 판단을 한 상태이기 때문에 지원자가 가지고 있는 본질적인 성향에 대해 중점적으로 살피게 된다. 면접이 끝난 후에는 다같이 모여 해당 지원자에 대해 의견을 나눈 후 최종 의사결정자가 합격과 불합격을 결정하게 된다.

여기까지가 1차 면접과 2차 면접의 대략적인 차이다. 이제부터는 그 이면을 좀 더 깊이 들여다보자.

면접을 진행하다 보면 1차 면접에서 굉장히 좋은 평가를 받았던 지원자가 2차 면접에서 좋지 않은 평가를 받는 경우를 꽤 많이 발견할 수 있다. 왜 이런 차이가 발생하는 것일까?

가장 먼저 생각할 수 있는 것은 질문의 내용이다. 1차 평가에서는 무엇을 했는지, 어떤 역량을 가지고 있는지를 주로 이야기하는 반면, 2차 면접에서는 그 안에 담긴 의미를 묻는 경우가 더 많다. 단순히 자신의 경험을 이야기하는 것과 그 경험에서 얻게 된 것, 그리고 이후 일하는 방식이 어떻게 변화되었는가를 설명하는 것은 다르다. 후자의 질문을 어렵게 느끼는 지원자들이 많다. 'What'은 단순히 기억을 불러오는 것으로 답할 수 있지만, 'Why' 혹은 'How'는 그러한 경험을 자신이 소화하여 해석하는 과정이 반드시 선행되어야 하기 때문이다.

또한 1차 면접의 질문들은 좀 더 '병렬적'이란 특징이 있다. 묻고 싶은 내용이 사전에 결정되어 있는 경우가 많다. 면접관은 주로 미리 준비한 질문지를 바탕으로 질문하고, 지원자는 각각의 질문에 개별적으로 답해도 큰 무리가 없다. 그러나 2차 면접에는 '연결된 질문'이 많다. 질문이 사전에 결정되어 있는 것이 아니라 질문과 답변을 통해 그다음에 어떠한 질문을 할 것인지가 결정된다. 특정한 부분에서 깊이 물어볼 수 있게 되는 것이다. 질문이 이어지는 맥락을 이해하지 못할 경우 지원자는 답변을 잘한다고 생각하지만 면접관은 그렇게 생각하지 않는 경우가 많다.

1차 면접과 2차 면접은 지원자가 느끼는 부담감이 다르다. 조금은 가벼운 마음으로 진행한 1차 면접과는 달리, 2차 면접에서는 부담을 많이 느끼게 된다. 이번만 통과하면 합격할 수 있다는 것이 부담으로 다가올 수도 있고, 면접관도 회사의 대표나 임원과 같이 상대적으로 대하기 어렵다고 생각하는 사람들이기 때문이다. 자신이 다니던 회사에서 대표와 이야기하면서도 의견을 편하게 이야기했던 사람이라면 상관없겠지만, 그러한 경험이 많지 않을 경우 어색함이 더해진다.

마지막으로 지원자에 대한 평가가 내려지는 시점이 다르다. 1차 면접에서는 면접 시간을 충분히 활용하고 나서 지원자에 대한 판단이 내려지는 데 반해, 2차 면접에서는 짧은 시간 안에 지원자에 대한 결정이 내려지고 그 이후의 시간은 변동 사항이 없는지를 확인하는 방식으로 진행된다. 1차 면접에서는 지원자가 긴장도 하고 면접을 잘 따라오지 못하더라도 면접관이 인내심을 가지고 본 궤도에 올라오도록 맞춰주지만, 2차 면접에서는 그렇게까지 하지 않는 경우가 더 많다.

당신이 1차 면접은 통과하는데 2차 면접에서 자주 떨어진다면 지원 횟수를 늘리는 것보다는 면접 과정을 돌아보기를 권

한다. 특히 주니어에서 시니어로 가는 시점이라면 더욱 그렇다. 경력이 쌓일수록 새로 지원하는 회사의 의사결정자와 면접을 보게 될 가능성이 더 크기 때문에, 짧은 시간 동안 이루어지는 면접에서도 자신이 어떤 사람인지를 효과적으로 전달할 수 있는 능력이 중요해진다. 1차 면접에서는 면접관이 지원자에게 맞춰줄 수 있지만, 2차 면접에서는 지원자가 먼저 면접관에게 다가서는 자세가 필요하다. 그 사람의 시각에서 질문의 의미를 이해하고 자신이 가진 관점을 이야기할 수 있어야 한다.

당신이 만약
신입이라면…

누구에게나 처음은 어렵다. 그러나 첫 직장을 찾아야 하는 취업 준비생에게는 그 처음이 더욱 어렵게 느껴진다. 이 어려움에는 여러 가지 이유가 있겠지만 다음의 세 가지 요인이 원인인 경우가 많다.

- 자신에 대해 잘 모른다.
- 직장에 대한 경험이 없다.
- 이러한 간극을 어떻게 메워야 할지 잘 모른다.

면접을 제대로 준비하는 핵심은 자신의 강점을 잘 알고, 그 시점에서의 갈증을 이해하고, 이를 잘 발휘할 수 있는 직장을 찾고, 갈증과 직장 간의 자연스러운 연결고리를 찾는 데 있다.

그러나 직장생활을 해본 경험이 없는 대부분의 취업 준비생은 이런 과정이 필요하다는 것을 잘 모르거나, 준비하려면 어떻게 해야 하는지 막막하게 느끼는 경우가 많다.

검색을 하고 유튜브에 있는 내용을 살펴거나, 취업 모임에 들어가거나, 교수님을 만나 상담을 받기도 한다. 먼저 합격한 친구의 도움을 받기도 하고, 용기 내어 학교 선배를 찾아가거나 자신이 원하는 직장에 다니고 있는 사람을 수소문하여 물어보기도 한다. 그러나 사람마다 말이 다르다. 어떤 사람은 이렇게 하는 것이 정답이라 하고, 다른 사람은 그것은 틀렸고 이렇게 준비하는 것이 맞다고 한다. 잘못된 정보도 많고 직장을 다닌 적이 없던 사람의 검증되지 않은 의견도 많다. 직장을 오랫동안 다녔던, 그래서 실제로 면접관의 역할을 하고 있는 사람의 의견을 들을 기회는 많지 않다.

실제로 신입 면접은 회사 입장에서도 매우 어렵다. 직장생활 경험이 없기 때문에 질문을 통해 물어볼 수 있는 것들이 한정적이다. 가령 왜 다니고 있던 직장을 떠날 생각을 하게 되었는지 같은 질문은 당연히 할 수 없고, 지원 동기를 이직 이유와 연결하기도 어렵다. 본인에 대해 잘 설명하지 못하는 경우가 많고, 긴장을 많이 하기 때문에 면접관의 질문을 잘 이해하지 못한다. 무엇보다 거의 모든 신입 지원자의 이력서나 자기소개서, 그리고 면접에서의 답변은 판에 박힌 듯 비슷한 경우가 많다. 자신의 생각보다는, 기출문제를 준비하고 모범 답안을 외워서 말하고 있다는 느낌을 받게 된다. 면접관은 어차피 비슷하다면 출신 학교라도 좋은 사람을 고르는 것이 더 안전하겠다는 생각을 할 수도 있다.

어렵게 들어간 회사라 하더라도 직장생활 초기의 만족도는 높지 않다. 모든 신입들이 선망하는 회사는 매우 제한적인데, 그 회사에 들어가지 못한 다수의 초년생들은 자신의 생각과 다른 직장생활에 적지 않은 충격을 받는다. 불만족의 원인을 자신이 원했던 회사에 들어가지 못했기 때문이라고 여기게 되면 곧 이직을 생각하게 된다. 이러한 과정에서 직장 만족도는 더욱 낮아지게 된다. 그런데 사실 누구나 들어가고 싶어 하는 회사에 합격한 신입들도 그렇게 행복하지만은 않다. 다만 차이가 있다면 다른 회사가 지금 회사보다 크게 나을 것 없다고 예상되기 때문에 이곳에서 뭔가 더 방법을 찾아봐야겠다는 생각을 일찍 할 수 있는 정도일 것이다.

이런 상황에서 많은 기업들은 신입을 채용하기보다는 짧게라도 직장생활을 경험한 주니어를 채용하는 것을 훨씬 더 선호하게 된다. 그 기간 동안 실무 능력이 커졌기 때문만은 아닐 것이다. 합격 후에 일정 기간 정도는 재직할 것이라는 기대도 있고, 면접을 보는 과정에서 지원자에 대해 확인할 수 있는 것이 신입사원보다 많기 때문이다.

지원자 입장에서도 첫 회사 경험과 두 번째 회사 경험을 비교하면서 '다른 회사로 이직했을 때 기대할 수 있는 것과 기대하기 어려운 것'에 대해 어느 정도 감을 잡아가게 된다. 보상적인 측면에서도 신입과 1~2년 차의 연봉 차이는 미미하기 때문에 회사 입장에서는 너무 짧은 경력이 아니라면, 신입보다는 경력을 더 선호하게 되는 것이다.

□■□

그렇다면 이렇게 모두가 경력을, 혹은 경력 같은 신입을 원하는 상황에서 아직 직장 경력이 없는 취업 준비생은 어떻게 면접을 준비하는 것이 좋을까.

회사는 제각각 다른 면을 갖고 있고 면접관도 모두 다르기 때문에 통용되는 정답은 없다. 그런 것이 있다고 하더라도 모든 지원자가 그 답을 외워서 말하게 되면 절대로 좋은 결과를 기대할 수 없을 것이다. 그러나 생각해 볼 지점들은 분명히 있다.

첫째, 이력서부터 제대로 작성하는 것이다. 아무래도 신입의 경우 이력서에 쓸 말이 별로 없다. 이름, 전화번호, 이메일, 학교, 전공, 학점을 쓰고 나면 엄청나게 많은 공간이 빈다. 그 공간을 채우기 위해 토익 점수, 인턴 경력, 동아리, 학회 활동, 수상 경력 같은 것을 넣게 된다. 하나하나가 그 한 줄을 넣기 위해 많은 노력과 시간을 필요로 하는 활동이다. 그러나 이러한 스펙들은 서류 심사에 어느 정도 영향을 주었을지 모르지만 일단 면접에 들어가면 면접관의 관심을 끌지 못하는 경우가 많다. 뭔가 하나라도 있으면 없는 것보다 더 좋을 것 같지만, 면접관 입장에서는 그런 것들보다는 지금 내 앞에 있는 사람이 어떤 사람인지를 알 수 있는 단서에 좀 더 시선이 머물게 된다.

정말로 자신이 좋아하는 것, 관심을 갖는 것, 그리고 그것을 실제로 해봤던 경험을 적는 것이 훨씬 좋다. 꼭 업무적인 것이 아니어도 괜찮다. 무엇인가에 푹 빠졌던 경험과 그 과정에서 얻은 것들을 키워드로 정리하여 현재 지원하는 회사와 어떻게 연결되는지 생각해 보면 좋다. 자신의 이력서를 보면서 '내가 면접관이라면' 어떤 부분에서 시선이 머물까 생각해 보자.

둘째, 신입은 신입다워야 한다. 면접에서는 학회나 동아리를 이끌어 봤던 경험을 통해 리더십을 강조하는 지원자를 많이 볼 수 있다. 이러한 이미지는 면접관이 신입에 기대하는 것과는 거리가 있다. 아주 예전에는 먼 미래를 보고 리더십이 있는 신입을 채용하는 것이 의미가 있었을지 모른다. 그러나 지금 신입에게 바라는 것은 2~3년이라도 진득하게 자리를 지키며 20대의 감각과 생기를 불어넣어 주는 것이다. 특히 그 회사가 담당하는 제품의 핵심 고객층이 젊을수록 그렇다. 기존의 직원들은 연차가 쌓이며 점점 고객과 정서적인 거리가 멀어지기 때문에 신입에게 이러한 부분을 기대하게 되는 것이다. 20년 후에 사용될지 안 될지도 모르는 리더십 같은 것들을 강조하기보다는, 지금 자신이 가장 잘 알고 관심을 갖는 영역의 이야기를 자신의 관점으로 말할 수 있는 능력이 훨씬 더 중요한 것이다.

셋째, 질문을 듣고 의미를 파악한 다음 자신의 생각을 말할 수 있도록 연습하는 것이 필요하다. 신입 면접을 보면 질문을 제대로 이해한 것인지 의문이 드는 경우를 너무나 많이 보게 된다. 질문의 의도를 잘못 이해했거나, 아니면 어떤 질문이 나오든 미리 준비해 둔 답으로 끼워 맞추려 하기 때문일 것이다. 무엇보다 학창 시절과 달리 면접에는 정답이 없는 질문이 많다. 이런 경우에는 '답'보다 그렇게 생각하게 된 '이유'가 훨씬 더 중요하다. 문제에 어떻게 접근하는지, 그리고 자신이 잘 모르는 내용이 나왔을 때 어떻게 반응하는지, 질문을 통해 어떻게 단서를 찾아가는지가 면접관의 관심을 끌게 된다. 그 사람만의 관점을 읽을 수 있기 때문이다.

마지막으로, 지원하는 회사의 주요 제품과 서비스에 대해서 직접 써보고 주변에도 권해보고 가능하다면 실제로 팔아보는 것이 좋다. 한 곳에 올인해서는 안 되겠지만, 필요 이상으로 지원서를 많이 넣게 되면 아무래도 그 회사의 제품과 서비스에 관한 생각을 정리할 시간을 갖기 어렵다. 그렇게 되면 질문을 받았을 때 제대로 답할 수가 없다. 자신의 서비스에 대해 관심을 보이는 지원자라면 면접관도 지원자의 노력이 고맙고 함께 이야기할 공감대도 형성되어 면접을 편하게 진행할 수 있게 된다. 따라서 지원하는 회사의 범위를 적정선 이내로 줄이고, 그 안에서는 '마치 이미 그 회사에 다니고 있는 것처럼' 해당 회사의 제품과 서비스에 깊이 파고 들어가는 것이 필요하다.

사회초년생이 커리어를 시작할 기회를 잡는 것은 분명 어렵다. 그러나, 반대편에 있는 면접관도 좋은 지원자를 알아보기 위해 그만큼 노력한다는 것을 떠올리면 긴장감이 훨씬 줄어

들 것이다. 대화를 통해 이인삼각으로 어려운 과제를 해결한다
는 마음을 갖기를 바란다.

경력자를 선호하는 기업들이 많지만, 그럼에도 불구하고
꾸준히 신입사원을 채용하려는 기업들도 곳곳에 있다. 경력자
를 원하지만 채용이 쉽지 않아서 신입사원이라도 채용하는 경
우도 있겠지만, 실제로 신입의 가치를 굉장히 중요하게 생각하
고 처음부터 신입을 뽑는 기업들도 많다. 신입은 때가 묻지 않
은 원석과 같다. 실패를 통해 일찍부터 스스로의 한계를 설정
하고 안전하고 무난하게 살아가는 것이 아니라, 깊이 파고 들
어가는 경험을 통해 단기간에 믿을 수 없을 만큼 성장할 수 있
는 가능성을 갖고 있기 때문이다. 직장 경험이 없는 만큼 당장
내세울 것은 없지만, 그 사람의 성장이 궁금해질 만큼 매력을
가진 신입을 면접에서 맞이하게 되면 이보다 기쁜 일도 없다.
잠재력을 터뜨리는 신입의 존재는 조직 전체에 새로운 생각과
긍정적인 자극을 가져다줄 수 있다.

어쩌면

이 이야기를 하기 위한

무언가에
푹 빠져본 적이 있나요?

무언가에 푹 빠져본 적이 있는가. 여기에서 중요한 것은 '무엇'인가가 아니라 '푹 빠지는' 경험을 한 적이 있는가, 그 느낌을 아는가 하는 것이다.

그 대상이 무엇인지와 관계없이 푹 빠지기 위해서는 그것을 정말로 '좋아해야' 한다. 어떤 보상을 위해, 누군가 시켜서, 남들도 하니까, 해야 되니까, 혹은 다른 사람을 위해 하는 것이 아니라 그 자체를 즐겨야 한다. 불법적인 것이 아닌 이상 어떤 것이든 상관없다. 일에 관련된 것이 아니어도 된다. 깊게 들어간 경험이 있으면 그러한 삶의 태도는 업무에도 투영될 수 있기 때문이다.

면접에서는 누군가의 단점을 확인하려고 할 때도 있지만, 그 사람의 장점을 알고 싶어 하는 경우가 더 많다. 일단 끌리는 부분이 있어야 관심이 가고 그 사람과 같이 일할 때 고려해야 하는 부분이 없는지를 확인하게 된다. 무언가에 몰두한 적이 있다는 것은 그래서 중요한 의미를 가진다. 지원자에게 정말로 좋아하는 것을 할 때의 느낌을 물어보면 업무에 대해 물어보았을 때보다 지원자에 대해 훨씬 잘 이해할 수 있게 된다. 자신이 좋아하는 것에 대해서는 솔직하고 편안하게 이야기할 수 있기 때문이다.

스티브 잡스의 스탠포드 연설에서는 'Connecting Dots'라는 표현이 언급된다. 인생에 대해서 긴 목표를 세우고 그것을 달성하기 위해 한 걸음씩 나아가는 것이 효과적일 것 같지만, 실제로는 지금 관심을 가진 것에 완전히 집중하는 순간이 필요하다는 내용이다. 정말로 좋아하는 것을 하게 되면 그러한 경험들이 어느 순간 다른 무언가와 이어진다는 것을 믿어야 한다는 것이다. 뒤를 돌아보면 그렇게 보낸 시간들이, 그 많은 노력들이 마치 무엇인가를 위해 의도한 것처럼 하나의 선으로 연결된다는 것을 깨닫게 된다.

'푹 빠져본 적이 있는가'에 답변을 잘하기 위해서는 면접 전에 자신에 대해 충분한 시간을 가지고 돌아봐야 한다. 직장생활에 국한되지 않고 자신에 대해, 자신이 좋아하는 것, 잘하는 것, 했을 때 보람을 느꼈던 것, 신나서 일해본 적이 있는 것들에 대해서 생각해 보자. 그때 왜 그렇게 집중할 수 있었는지, 그리고 그러한 경험을 다시 하기 위해 어떻게 접근해야 하는지에 대해 생각해 보자. 그렇게 해야 면접에서도 훨씬 자연스럽고, 솔직한 답을 할 수 있다.

무언가에 푹 빠지게 된 계기는 사소한 것이어도 상관없다. 처음부터 계획하지 않아도 된다. 우리가 살아가면서 마주하는 모든 순간들을 통제하며 살아갈 수는 없다. 마음이 가는 대로 어떤 것들은 가볍게, 어떤 것들은 깊이 살피면 된다. 그렇게 일상적으로 처리하는 것 가운데 어떤 것들은 다른 것들에 비해 더 눈길이 간다. 관심이 가고, 더 들여다보게 된다. 그렇게 하다 보면 어느 순간 크고 작은 벽에 부딪히게 되는데, 그럴 때 포기하지 않고 계속 알아가고 싶다는 것을 느끼면 바로 그것이 푹 빠지는 것이다.

자신의 삶에서 그런 경험들이 있는가. 그 가운데 어떠한 것을 이야기할 것인가. 왜 그렇게 생각하는가.

결국 '무언가에 푹 빠졌던 경험이 있는가?'의 질문에 효과적으로 답하기 위해서는 ①실제로 그런 경험을 한 적이 있고, ②평소에 자신을 돌아보며 그러한 것들에 대한 생각을 하고,

③그 경험들 가운에 자신을 표현하기 위해 면접에서 어떠한 경험을 이야기할 것인지 판단할 수 있어야 한다.

　그 경험을 이야기할 때 그 사람이 가진 에너지를 분명하게 느낄 수 있다. 자신이 좋아하는 것, 푹 빠질 만큼 좋아하는 것에 대해 이야기할 때조차 바이브(vibe)가 느껴지지 않는 사람은 일을 할 때도 에너지 레벨이 낮다. 반면, 정말로 무엇인가에 푹 빠져보았던 사람들은 일에 있어서도 전향적이다. 일은 재미없는 것이고 어쩔 수 없이 하는 것이라는 생각을 하기보다는, 일 안에서도 자신이 푹 빠질 수 있는 요소들이 숨어있을 것이라 믿는 것이다.

언제
신이 나서 일하나요?

언제 신이 나서 일하나요?

의외로 이 질문에 답하지 못하는 지원자가 많다. 좀 더 정확하게는 어떻게 답해야 하는지 모르는 것이 아니라, 이 질문의 의미 자체를 잘 이해하지 못하는 것이다. 많은 이들에게 일은 그 자체로 재미있는 것은 아니다. 재미가 없는 것이기 때문에 회사에서 월급을 주는 것이라고 생각하는 사람들도 있다. 그들에겐 '일은 재미있는 것이다'라는 개념 자체가 낯설다.

물론 일하는 것이 언제나 즐거운 것은 아니다. 아무리 자신이 원하고, 자신에게 맞는 일을 하고 있어도 계속해서 그런 상태이기는 쉽지 않다. 사람은 금방 환경에 익숙해지기도 하고, 일을 잘하는 사람들은 언제나 그 익숙함의 한계를 깨고 계속

나아가고 싶어 하기 때문이기도 하다. 그러나 일은 원래 재미가 없는 것이고 아주 가끔씩, 그러니까 좋은 평가를 받거나 생각지 못한 인센티브를 받았을 때, 그리고 임시 공휴일이 생겼을 때처럼 예외적인 경우에 잠시 즐거워지는 것이라고 생각하는 사람에게는 '재미없는 상태'가 디폴트 값이 된다. 그 상황이 당연한 것이기 때문에 재미를 느끼지 못할 때도 문제가 있다고 생각하지 않고, 좋지 않은 변화가 느껴졌을 때도 개선해보겠다는 생각을 하기가 더더욱 어렵다.

반면에 '일은 원래 즐겁다'라고 생각한 사람은 더 이상 즐겁지 않다고 느끼면 잠시 멈추고 생각을 한다. 어떤 변화가 있었는지, 왜 그런 감정이 드는지, 집중을 방해하는 요인이 무엇인지를 점검한다. 어떻게 하면 그 상황에서 벗어나 다시 '즐거운 상태'로 돌아올 수 있을까 고민하고, 가설을 세우고, 실행하고, 복기하게 되는 것이다. 이런 식으로 일하고, 자신을 돌아보게 되면 한 가지 중요한 사실을 알게 된다. 일에 집중할 때의 환경과 그렇지 못한 상황의 차이를 발견하게 되는 것이다. 그리고 그 차이를 생각하다 보면, '내가 집중할 수 있는 환경을 스스로 만들 수 있는 것이 아닐까?'라는 생각을 하게 된다.

□■□

　주어진 상황 그대로 일하는 사람이 많다. 회사의 방향, 비전, 일하는 방식, 상사, 같이 일하는 동료, 평가, 보상과 같은 것은 자신이 어떻게 할 수 있는 것이라기보다는 회사가 결정하는 것, 정해진 것이라 인식한다. 참고 기다릴 것인가, 아니면 자신에게 맞는 곳을 찾아갈 것인가 하는 것이 선택의 전부라고 생각한다. 그러나 가만히 견디고만 있으면 상황은 점점 나빠지는 경우가 많다. 문제를 해결하지 않은 채 다른 곳으로 이동해도 자신이 갖고 있는 문제는 기를 쓰고 따라올 뿐이다.

　반면, 직장에서 일하는 자기 자신을 제삼자의 시각으로 탐구하듯 바라보면 자신을 잘 이해할 수 있게 된다. '벌써 시간이 이렇게 되었나' 하는 생각이 들 만큼 집중하며 일할 수 있었던 순간, 이해되지 않은 지시를 받았을 때의 혼란스러움, 업무에 대한 우선순위, 공감받고 싶었을 때와 해결을 필요로 했을 때, 같이 일하는 사람들과의 관계, 프로젝트가 제대로 진행되지 않았을 때의 갑갑함 등을 떠올리고 왜 그런 현상이 발생했는지, 어떻게 하는 것이 좋을지에 대해서 생각할 수 있게 되는 것이다.

　사람마다 일에서 중요하게 생각하는 것은 다르다. 누군가

175

에게는 굉장히 중요한 것이 바로 옆 동료에게는 아무렇지 않게 느껴질 수도 있다. 그 모든 상황들이 '우연히도' 다 자신에게 맞게 세팅될 수는 없다. 따라서, 업무에 집중하고 성과를 내는 데 있어 자신에게 결정적으로 영향을 주는 요소를 이해하고, 그러한 환경을 만들려면 어떻게 해야 하는가 스스로 생각하는 것이 필요하다. 이러한 변화는, 자신이 일하는 환경을 자신이 만들어갈 수 있다는 생각이 선행되어야 한다.

저는 집중하는 것을 좋아합니다. 모든 것이 다 중요하다고 생각하는 것보다는 목표를 달성하는 데 가장 큰 영향을 주는 요소는 무엇일까, 그것을 하려면 어떻게 접근해야 할까 생각하곤 하죠. 이렇게 말하면 사람들은 매우 긍정적으로 답해줍니다. 응원도 해주고요. 그런데 막상 그렇게 일하기 시작하면 문제가 생기곤 합니다. 사람마다 중요하게 생각하는 부분도 다르고, 제가 진행하는 일이 저 혼자만이 아니라 같이 일하는 동료에게도 영향을 주니까요. 그래서 회사에서는 자신의 생각을 이야기하는 것보다는 다른 사람의 의견을 듣고 맞춰갈 수 있는 사람을 더 선호하는 것 같기도 합니다.

하지만 저는 집중의 힘을 믿습니다. 물론 저라고 해서 제가 하는 모든 생각이 옳다고 생각하는 것은 아닙니다. 하지만 저든, 같이 일하

는 동료든 적당히 물러서는 것이 아니라 무엇이 가장 중요한지 치열

하게 논의하고, 그렇게 결정된 것에 온전히 힘을 쏟을 때 뭔가 굉장

한 것들이 이루어진다고 생각해요. 그 의견이 누구에게서 나왔는지

가 아니라, 어떻게 하면 그렇게 집중할 만큼의 좋은 생각들이 공개적

으로 논의될 수 있을까 생각하고 사람들을 설득하며 그 상황을 만들

어 갑니다. 이렇게 일하면 좋아하는 사람도 있지만 싫어하는 사람도

많습니다. 문제를 일으킨다고 생각하죠. 그래도 저는 괜찮다고 생각

합니다. 결국은 시간이 해결해 준다고 생각합니다.

반복해서 강조하는 부분이지만 면접에서 중요한 것은 '지
원자가 중요하게 생각하는 것을 면접관에게 이해시킬 수 있는
가' 하는 것이다. 그것이 이해가 되어야 지원자가 가진 강점을
더 깊이 살펴보고 싶은 마음이 들기 때문이다.

일을 하는 방식은 실제로 합격 후 업무를 하며, 대화하며
풀어볼 수 있다. 그러나 자신이 일하는 환경을 스스로 만들 수
있다는 생각을 갖게 하는 것은 굉장히 어렵다. 설령 가능하다
해도 굉장히 오랜 시간과 노력을 필요로 한다. 그럴 바에는 처
음부터 그런 태도를 가지고 있는 사람을 채용하는 것이 낫다.
자신을 돌아보고 더 나은 변화를 스스로 찾아갈 수 있다고 생

각을 바꾸는 것은 굉장히 어렵기 때문이다.

무엇이
가장 중요할까요?

면접에서는 세부적인 질문을 하기도 하고 본질적인, 기본에 가까운 질문을 하기도 한다. 전자의 경우에는 지원자가 했다고 하는 업무들이 그냥 참여만 한 것인지, 아니면 주도했는지를 확인하기 위해 묻는 경우가 많다. 질문을 하고, 답하는 것을 듣고, 다시 질문을 하는 과정에서 그 업무에 대해 얼마나 많이 알고 있고, 고민했고, 관여했는지 파악할 수 있기 때문이다. 반면 후자의 경우는 개별적인 업무의 경험이 아니라, 자신이 담당하는 업무에 대해서 자신만의 관점을 분명히 가지고 있는가 하는 점에 초점을 맞추게 된다.

기획자에게 가장 중요한 것은 무엇일까요?

세일즈를 잘하기 위해서는 무엇이 필요할까요?

좋은 개발자란 어떤 사람일까요?

마케팅이 무엇이라고 생각하세요?

이런 질문을 받으면 머릿속이 하얘질 수 있다. 세부적인 내용에 대해서는 자신 있게 이야기하다가 면접관이 갑자기 질문을 바꾸어 이러한 유형의 질문을 하면 당황하게 된다. 질문의 관점이 다르기 때문이다. 일을 잘하기 위해서는 무언가에 깊이 빠져드는 것도 중요하지만, 가끔은 그 업무로부터 한 걸음 벗어나 한 차원 높은 지점에서 업무를 바라볼 수 있어야 한다. 정신 없이 살다가 종종 의식적으로 거리를 두고 '나는 무엇을 하고 있지? 내가 정말로 원하는 것이 무엇이지?'라는 의문을 갖고 자신의 삶을 되짚어 보는 것이 필요한 이유다.

자신의 일에 있어서 가장 중요한 것은 무엇인가? 평소에 이런 생각을 하면서 일하는 사람과 주어진 일을 쳐내기 바쁜 사람은 시간이 갈수록 성장에 큰 차이를 보이게 된다.

기획에 있어 가장 중요한 것은 문제를 해결하기 위해 사람들이 하나로 모일 수 있도록 초점을 맞추는 것이라고 생각합니다. 서로 다른 능력과 생각을 가진 사람들이 각자의 영역에서 전문성을 발휘하면서도 우리가 하고 있는 프로젝트의 방향성을 잃지 않도록 하는 일이 죠. 그러기 위해서는 대화를 해야 한다고 생각합니다. 부드럽게만 하 는 것이 아니라, 틀어진 부분이 있다면 그 원인이 어디에서 발생했는 지 어떻게 해결하면 좋을지 솔직하게 털어놓고 같이 참여한 사람들 의 생각을 끌어내는 것이 가장 중요하다고 생각합니다.

마케팅은 우리가 만들고 있는 서비스와 실제로 이를 사용하고 있는 고객을 연결해 주는 역할이라 생각해요. 두 개의 섬을 잇는 다리와 도 같죠. 일단 만든 뒤 무작정 알리고 좋은 인상을 심어줘서 이 서비 스를 사게 만드는 것이 아니라, 우리가 만든 제품의 가치를 소비자가 이해하게 하고 소비자의 생각을 회사 안으로 끌어오는 것이라고 생 각합니다. 아프더라도 있는 그대로 받아들일 것과, 고객이 정말로 원 하는 것들을 구분하여 어떠한 제품을 만들어야 하는지 방향성을 정 하는 것입니다. 단순히 무엇을 전달하는 것이 아니라 우리가 만들고 싶은 것과 소비자가 필요한 것 사이에 연결고리를 만들어 서로 대화 할 수 있는 환경을 만드는 것이 중요하다고 생각합니다.

개발에 있어 가장 중요한 것은 우리가 만들고 있는 것에 대한 관심이 라고 생각합니다. 우리가 만든 것이 정말로 사람들에게 잘 받아들여지고 있는지, 만약 생각과 다른 부분이 있다면 왜 그런지를 생각해야 개선하게 됩니다. 프로그래머는 단순히 코딩을 하는 사람이 아니라고 생각해요. 주어진 문제를 푸는 것이 아니라 풀고 싶은 문제를 찾는 것부터 시작해야 한다고 생각합니다. 제대로 방향을 잡았는지, 그리고 그것이 본질적으로 풀 만한 가치를 가지고 있는지를 확인하게 됩니다. 이를 위해서 되도록이면 우리 제품을 실제로 쓰는 고객들을 직접 만나려고 해요. 고객들을 직접 만나는, 혹은 제품을 판매하는 동료들과도 정기적으로 이야기합니다. 제가 하는 일의 의미를 이해하려고 합니다. 노트북을 켜는 것은 그 다음이에요.

세일즈에 있어서 가장 중요한 것은 내가 팔고 있는 것이 정말로 그 사람에게 가치를 주고 있는가 고민하는 것이라 생각합니다. 세일즈는 관계를 형성하는 것입니다. 어떻게든 속여서 뭔가를 판매하는 것은 지속 가능하지 않다고 생각합니다. 만족하지 못한 소비자가 주위 사람들에게 좋은 이야기를 해줄 리도 없고요. 그렇기 때문에 저는 뭔가를 팔기 전에 내가 팔고 있는 것에 대해서 깊게 생각해 보곤 합니다. 내가 이해가 되어야, 내가 사고 싶어야 팔 수 있으니까요. 물론 모든 사람을 만족시킬 수 있는 제품이란 것은 없겠죠. 판매하지 못하는 것에 대해 제품 탓을 하고 싶지도 않습니다. 중요한 것은 이해를

182

하는 것이라 생각합니다. 가장 좋은 제품이 가장 잘 팔릴 것 같지만 실제로 사람들이 원하는 것은 정말로 다양해요. 모든 것을 만족시킬 수는 없죠. 그렇기 때문에 제품을 들여다보면서 어떤 사람들이, 혹은 어떤 상황에서 특히 이 제품이 가치를 가질 수 있는지를 생각합니다.

위에서 설명한 각각의 예시가 정답이란 뜻은 아니다. 지원 자마다 생각이 다를 수도 있고 면접관마다 자신이 질문한 내용에 대한 답이 다를 수도 있다. 중요한 것은 자신이 하는 업무에 대해 어떤 관점을 가지고 있는가, 왜 그렇게 생각하는가를 설명할 수 있어야 한다는 것이다. 생각이 다른 사람과는 일할 수 있지만, 생각이 없는 사람과 일하는 것은 정말로 힘들기 때문이다.

답을 맞히려고 하지 말자. 면접관의 눈치를 보는 것도, 어떤 질문이 나왔을 때 그 상황을 모면하기 위해 두루뭉술하게 넘어가려고 하는 것도 좋지 않다. 단순히 뭔가를 나열하는 것도, 그 안에 면접관이 원하는 답이 우연히 포함되어 있기를 바라는 것도 좋지 않다. 면접을 앞두고 있다면 자신의 업무를 돌아보고 가장 집중했던 업무에 대해 세부적인 것들을 떠올려 보고, 개별적인 업무를 넘어 자신에게 정말로 의미 있는 부분들을 생각해 보는 것이 필요하다.

'나는 왜 이 업무를 하고 있는가. 정말로 하고 싶은가. 그 일을 잘하기 위해서는 무엇이 필요할까.'

이러한 질문들은 직장에 다니는 한, 평생에 걸쳐서 스스로에게 물어야 하는 질문이다. 면접을 '통과하기 위해 거치는 과정'으로 생각하지 않고 '자신을 돌아볼 수 있는 기회, 그리고 그 생각을 누군가에게 말하고 피드백을 듣는 기회'로 삼을 때 면접은 내 삶에서 의미를 갖게 될 것이다.

면접의

맺음

질문이
있나요?

면접이 거의 끝나갈 때 반드시 나오는 질문이 있다. "면접관에게 질문이 있는가" 하는 것이다. 형식상 하는 말일 수도 있고, 지원자가 궁금해하는 부분들을 말해주고 싶은 의도도 있을 수 있다. 그러나 면접관은 이 순간에 지원자가 어떤 질문을 하는지 매우 유심히 살펴본다.

물어보고 싶은 내용이 있었는데 면접을 하면서 답변을 들은 것 같아 괜찮습니다.

이렇게 답하고 질문을 생략하려는 지원자가 의외로 많다. 길어진 면접에 피곤함을 느껴서일 수도 있고, 정말로 답변을 들었기 때문일 수도 있지만 굉장히 위험한 발언이다. 경우에 따라서는 '더 이상 지원하고 싶지 않아졌다'는 것처럼 받아들여질 수도 있다. 어떤 의미로든 자신이 다닐 회사에 대해 궁금해하지 않는 지원자를 좋게 생각할 면접관은 많지 않기 때문이다.

그렇다고 아무 질문이나 해도 괜찮은 것은 아니다. 조금만 검색해봐도 알 수 있는 것들을 질문하면 최소한의 노력도 없이 면접에 참여했다는 인상을 줄 수 있다. 또한 '회사의 복지에는 어떤 것이 있는지?'와 같은 질문을 함으로써 지금껏 면접에서 쌓아왔던 점수를 일순간에 잃을 수도 있다. '만약 제가 채용되지 않는다면 어떤 이유에서일까요?'와 같은 전형적인 질문도 좋지 않다. 이 질문 자체가 나쁘다기보다는 어디 책에서라도 본 것처럼 너무나 많은 지원자가 같은 질문을 하기 때문이다. 어떤 질문이든 할 수 있는 상황에서 굳이 이러한 질문을 할 필요는 없다. 선곡도 실력이기 때문이다.

그렇다면 어떤 질문을 하는 것이 좋을까?

물론 정답은 없다. 설령 정답이 있다 하더라도 모두가 같은 질문을 하게 되면 그 가치는 떨어질 것이다. 그러나 좋은 질문을 하기 위해서 분명히 생각해 볼 한 가지가 있다. 그것은 바로 '그 질문을 왜 하는가?'이다.

그냥 궁금해서 하는 질문은 큰 의미가 없다. 질문을 하는 목적은 답을 듣기 위해서이기도 하지만, 그 답을 듣고 무언가를 하기 위함이다. 가볍게 묻는 것이 좋은 순간들도 있지만, 그것은 아무 질문이나 자유롭게 해도 되는 상황일 때의 이야기고 한두 가지의 제한된 질문을 하는 면접의 마지막 순간에는 정말로 자신에게 중요한 것을 묻는 것이 좋다.

왜 그것이 궁금해졌어요?

지원자에게 면접관이 역으로 이런 질문을 하는 경우도 있다. 이때 제대로 답하는 경우는 매우 드물다. 면접에서 마지막 순간에 질문을 하는 것이 좋다는 사실은 알지만, 자신이 왜 그 질문을 하는가에 대해서는 충분히 생각해 보지 않았기 때문이다.

좋은 질문은 면접을 준비하는 과정에서 자신과 회사에 대해서 충분히 생각해 보았는가, 그리고 면접이 진행되는 동안 얼마나 집중했는가에 달려있다. 새로운 회사를 지원할 때, 지원자는 자신에게 가장 중요한 가치들에 대해 생각하게 되고, 면접 과정에서 자신에게 주어지는 질문을 통해 그 회사가 중요하게 생각하는 것들을 파악하게 된다. 그리고 마지막 순간에 가장 알고 싶고 확인하고 싶은 것에 대하여 질문을 하게 되는 것이다.

면접은 면접관이 지원자를 평가하고 판단하는 것뿐 아니라, 지원자도 면접관과 회사에 대해 묻고 싶은 것을 물을 수 있는 자리다. 합격하면 자신의 인생에서 중요한 시간을 보낼 곳이다. 그런 곳을 결정하는 데 있어 정말로 궁금한 것을 물을 수 있는 기회를 쉽게 흘려 보내지 않도록 하자.

면접을
돌아보자

면접을 마치고 나면 진이 쏙 빠질 것이다. 아쉬움과 후련함이 교차하는 순간이다. 이제 결정은 상대에게 넘어갔으니 자신은 마음 편하게 기다리기만 하면 될 것 같다. 빨리 집에 가고 싶다는 생각을 한다. 그러나 면접장을 나온 후 편한 곳에 앉아 잠깐이라도 면접 상황을 돌아보는 것은 나중을 생각하면 큰 도움이 된다. 기억이 사라지기 전에 방금 있었던 면접에 대해 잠시라도 돌아보자.

잘한 것 같은가, 망한 것 같은가. 그렇게 생각하는 이유는 무엇인가. 어떤 질문들이 나왔나. 왜 그 질문들을 했을까. 나는 어떻게 대답했나. 그때의 면접관 반응은 어땠나. 그다음에 면접관은 어떤 질문으로 이어갔는가.

오랜 시간 고민할 필요는 없다. 떠오르는 것들을 가볍게 적으면 그것으로 충분하다. 몸과 마음이 지친 상태이기 때문에 면접에서 있었던 일을 온전히 돌아보기는 힘들 것이다. 면접 직후에는 심적으로도 지쳐있고 마음의 동요도 크다. 그러한 상태에서 면접을 온전히 돌아보는 것은 쉽지 않고 그럴 필요도 없다. 다만 기억이 휘발되기 전에 가볍게라도 핵심적인 부분들을 기록해 두는 것이 좋다. 한숨 푹 자고 나면 많은 것들이 가라앉는다. 좀 더 객관적으로 차분하게 돌아볼 수 있을 것이다. 이때 미리 적어둔 내용들이 있다면 훨씬 더 효율적으로 면접을 되짚어 볼 수 있다.

면접은 이미 끝났는데 다시 돌아보는 것이 의미가 있나요?

이렇게 생각할 수도 있다. 그러나 직장인으로 살아간다면 면접은 일회성 이벤트가 아니다. 앞으로도 계속해서 경험하게 될 삶의 중요한 과정 중 하나다. 각각의 면접에서는 합격할 수도, 불합격할 수도 있지만 중요한 것은 일련의 면접 과정에서 성공할 확률을 계속해서 높이는 것이다. 이를 위해서는 스스로를 돌아볼 수 있어야 한다.

아무리 뛰어난 역량을 가진 사람이라도 모든 회사의 면접을 통과할 수는 없다. 회사의 상황에 따라서, 면접관에 따라서, 질문들에 어떻게 답했는지에 따라서, 그날의 컨디션에 따라서 결과는 달라질 수 있다. 면접은 짧은 시간 안에 같이 일해보지 않은 누군가에 대해 판단을 내리는 것이기 때문에 언제나 판단의 오류가 있을 수 있다. 따라서 그 결과에 대해 필요 이상으로 자신을 책망하거나 자책할 필요는 없다. 그렇다고 해서 모든 면접을 일회성 이벤트로 생각하기보다는, 각각의 면접을 통해 면접이라는 상황에 익숙해지고 객관적으로 자신을 돌아보는 과정을 통해 앞으로 있을 면접에 대비하는 것이 효과적이다.

면접은 자신을 객관적인 관점에서 바라볼 수 있는 좋은 기회다. 면접을 보는 동안에는 질문에 답하느라 정신이 없겠지만, 면접 상황을 리뷰할 때는 면접이 이루어지는 회의실과 면접관, 그리고 면접을 보고 있는 자기 자신을 자연스럽게 그려볼 수 있다. 영화나 드라마를 보는 것처럼 바라볼 수 있고 원한다면 몇 번이라도 리플레이하며 그 면접에서 가장 중요했던 순간들을 돌아볼 수도 있다. 몇 번의 면접을 통해 이러한 과정을 반복하다 보면, 면접을 진행하는 상황에서도 자신을 객관적으로 살필 수 있게 된다.

면접이 진행 중이어도 실시간으로 상황을 판단할 수 있는 것이다. 면접관은 지금 어떤 질문을 했는지, 왜 그런 질문을 했는지, 자신은 어떻게 답했는지, 자신이 한 답에 대해서 면접관은 어떤 반응을 보였는지, 지금 면접이 잘 진행되고 있는지, 아니면 뭔가 어긋난 부분이 있는지, 왜 그런지, 그 차이를 어떻게 좁혀가면 좋을지. 이 모든 것을 면접이 진행되는 동안에도 실시간으로 살펴볼 수 있게 된다. 물론 면접이 끝나고 차분히 진행하는 리뷰와는 다르겠지만, 기본적인 것들에 대한 감을 익힐 수 있다면 면접을 더 잘 볼 수 있을 것이다. 뿐만 아니라, 이렇게 자기 자신을 제삼자의 시각으로 바라볼 수 있게 되면 자기 객관화에 큰 도움이 되고 대화의 기술도 향상된다. 실제 직장 생활을 할 때도 마찬가지다.

무엇보다 면접을 돌아보는 과정을 통해서 자기 자신을 분명하게 이해할 수 있다. 현재의 직장에 대해 어떻게 생각하는지, 어디까지 노력했고, 충분히 했다고 판단됐는지, 그래서 다음에는 어떤 직장을 다니고 싶은지, 그렇게 맞이한 면접에서 어떤 질문이 예상되고, 자신은 그에 대해서 어떻게 답을 하고 싶은지를 알게 되는 것이다. 그리고 지금 다니고 있는 직장에서 어떻게 살아야 하는지 발견하고 집중할 수 있게 된다. 면접을 준비하는 과정에서는 어쩔 수 없이 자신에 대해 깊은 생각을 할 수밖에 없다. 그러니 면접을 단순히 합격을 위한 관문으로 여기기보다는 자신을 돌아보는 기회로 삼는 것이 좋다.

조금은 편하게,
조금은 더 즐겁게

절박함은 때로 원하는 것을 달성하기 위한 내적 동기로 작용한다. 하지만 면접에서는 절박함보다는 당당하고 자연스럽게 자신을 이야기하는 것이 훨씬 더 효과적이다. '기회만 주신다면 최선을 다하겠다'는 말은 득보다는 실이 많다. 기대와는 달리 면접관의 마음을 움직이지 못한다. 상대를 설득할 다른 이유가 생각나지 않을 때 이런 말을 하는 지원자가 많기 때문이다.

직장에 다니면서 다른 직장을 구하는 것과 일단 그만두고 나서 다른 직장을 구하는 것 가운데 전자를 추천하는 사람들이 많다. 여러 이유가 있겠지만, 가장 큰 이유로는 직장에 다니고 있는 사람이 그렇지 않은 사람보다 면접에서 마음의 여유를 갖고 더 당당하고 자연스럽게 임할 수 있기 때문이다. 아무래도 퇴사 이후 시간의 공백이 큰 경우에는 면접을 통과하고 싶은 마음이 앞서 그만큼 위축될 가능성이 커지는데, 이것은 좋지 않은 결과로 이어질 수 있다.

면접을 준비하는 과정에서는 자신에 대해, 지원하는 회사에 대해 충분히 오래 고민하는 것이 필요하다. 하지만 일단 면접에 들어가서는 조금은 편하게 자신을 드러내는 것이 좋다. 면접은 서로 속고 속이는 싸움이 아니고, 면접관은 어떻게든 당신의 약점을 잡고 끌어 내리려는 사람이 아니다. 면접관이 합격과 불합격의 권한을 갖고 있다고 해서 갑과 을의 관계로 스스로를 몰아넣을 필요는 없다.

면접관도 사람이다. 해결해야 할 일이 있고, 그 일을 하는 데 필요한 사람을 찾고 있을 뿐이다. 누군가를 평가하고 자신의 위치를 과시하려는 것이 아니라 고민하고 있는 것들을 해결해 줄 수 있는 사람을 열심히 찾고 있다. 지원자가 회사에 들어가고 싶은 마음 못지않게 면접관도 '같이 일하고 싶은 사람'을 찾고 싶다는 기대를 갖고 면접장에 들어온다. 면접은 그런 두 사람이 만나는 곳이다.

조금은 가볍게, 조금은 더 즐겁게 면접에 임하자.

긴장을 풀고 시선을 맞추고 질문에 대해 자신의 생각을 이야기한다. 합격, 불합격에 대한 부담감을 조금은 내려놓고 지금 마주하고 있는 상대방에 초점을 맞춘다. 이 사람과 같이 일을 한다면 어떤 느낌일까를 떠올려 본다. 모르는 것이 있으면 묻고, 자신이 가진 생각들을 이야기한다.

면접을 통해서 좋은 평가를 받아 합격할 수도 있고, 아쉽게도 떨어질 수도 있다. 그러나 그 면접을 통해 스스로 성장한 부분이 있다면 불합격했다고 해서 시간을 낭비한 것이 아니다. 합격은 그 회사에서의 좋은 기회로, 불합격은 자신에게 맞는 다른 회사로의 기회로 이어질 수 있다. 합격과 불합격보다는 면접 이후 어떠한 마음가짐으로 살아가는지가 이후의 삶에 훨씬 더 큰 영향을 준다.

Small World.

면접은 누군가를 만날 수 있는 좋은 기회다. 지금 같이 일할 수도 있고, 나중에 다른 자리에서 만나게 될 수도 있다. 만날 사람은 결국 만나게 되어있다. 조금은 편하게, 조금은 더 즐겁게 면접을 들여다보자.

삶의 태도를 돌아보는
면접의 질문들

초판 1쇄 발행 2024년 11월 29일

지은이 김형석

펴낸이 김정희
편집   정유민
디자인 강경신디자인

펴낸곳 노르웨이숲
출판신고 2021년 9월 3일 제 2022-000108호
주소 서울시 마포구 신촌로2길 19, 302호
이메일 norway12345@naver.com

블로그 blog.naver.com/norway12345
인스타그램 @norw.egian_book

ISBN 979-11-93865-009-5 (03320)